제국주의, 자본주의의 최고 단계

대중적 개설

Imperialism, the Highest Stage of Capitalism

A Popular Outline

제국주의, 자본주의의 최고 단계
대중적 개설

지은이 블라디미르 일리치 레닌
옮긴이 황정규

1판 1쇄 발행 2017년 11월 10일

펴낸곳 두번째테제
펴낸이 장원
등록 2017년 3월 2일 제2017-000034호
주소 (13290) 경기도 성남시 수정구 수정북로 92, 태평동락커뮤니티 1005호
전화 070-7671-7392
팩스 0303-3441-7392
전자우편 secondthesis@gmail.com
페이스북 facebook.com/thesis2
블로그 secondthesis.blog.me

ISBN 979-11-960960-0-7 03300

이 도서의 국립중앙도서관 출판예정도서목록(CIP)은
서지정보유통지원시스템 홈페이지(http://seoji.nl.go.kr)와
국가자료공동목록시스템(http://www.nl.go.kr/kolisnte)에서
이용하실 수 있습니다.(CIP제어번호: CIP2017027768)

제국주의

자본주의의 최고 단계

대중적 개설

블라디미르 일리치 레닌 지음 | 황정규 옮김

일러두기

1. 이 책은 영어판 레닌 전집 Lenin Collected Works(Progress Publishers: Moscow, 1974) 제22권 185~305쪽을 우리말로 번역한 것이며, 독일어판과 일본어판 및 기존 우리말 번역본들을 참조했다. 부록으로 실은 「사회주의혁명과 민족자결권 테제」는 레닌 전집 Lenin Collected Works(Progress Publishers: Moscow, 1974) 제22권 143~156쪽을, 「제국주의와 사회주의의 분열」은 레닌 전집 Lenin Collected Works(Progress Publishers: Moscow, 1974) 제23권 105~120쪽을, 「바젤 국제사회주의 대회 선언」은 웹페이지(https://www.marxists.org/history/international/social-democracy/1912/basel-manifesto.htm)를 번역 대본으로 삼았다.
2. 원서 주석은 모두 각주로 처리했으며, 원서의 이탤릭체는 볼드체로 바꾸어 표시했다.
3. 단행본에는 겹낫표(『 』)를, 잡지 및 논문과 기사에는 홑낫표(「 」)를, 기업명과 단체명에는 홑화살괄호(〈 〉)를, 레닌이 인용한 부분은 대괄호([ ])를 썼다.
4. 외국 인명과 지명, 도서명은 국립국어원의 외래어 표기법과 용례를 따랐다. 다만 국내에서 이미 굳어진 인명과 지명의 경우 통용되는 표기로 옮겼다.
5. 의미 전달을 명확히 하기 위해 필요한 경우 원어나 한자를 병기했다.

차례

서문

독자에게 제출하는 이 소책자는 1916년 봄, 취리히에서 썼다. 그곳에서 작업을 하지 않을 수 없는 조건이었기에, 당연하게도 나는 프랑스어 및 영어 문헌의 부족과 러시아어 문헌의 심각한 결핍으로 인해 다소 어려움을 겪었다. 그렇지만 나는 영어로 쓰인 제국주의에 관한 중요 저작인 J. A. 홉슨의 책을 매우 주의하며 이용했다. 그 저작은 내가 보기에 응당 그럴 가치가 있다.

이 소책자는 차르 제정의 검열을 의식하며 쓰였다. 따라서 나는 스스로를 오직 이론적인 분석, 특히 경제적 사실 분석으로 엄격히 제한할 수밖에 없었으며 극히 조심스럽게 정치에 관한 몇몇 필수 주장들을 암시하듯 풍자적인 언어—저주받을 이솝 우화의 언어로—로 정식화할 수밖에 없었다. 차르 제정은, 모든 혁명가들로 하여금 "합법적" 저작을 저술하려고 펜을 들 때면 언제나 이런 언어에 의지하지 않을 수 없도록 만들었다.

검열관 때문에 바이스에 끼여 왜곡되고 조여지고 압축된 소책자의 문단들을 요즘같이 해방된 시기에 다시 읽는 것은 고통스러운 일이다. 제국주의 시기는 사회주의혁명의 전야이다. 사회국수주의(말로는 사회주의,

행동으로는 국수주의)는 사회주의를 철저히 배신한 것이며 부르주아지 편으로 완전히 도주한 것이다. 노동자계급 운동 내의 이러한 분열은 제국주의의 객관적 조건들과 밀접하게 연관되어 있다, 등등—이 문제들에 대해 나는 "노예"의 말투로 말했다. 그리고 나는 이 주제에 관심이 있는 독자들에게 내가 해외에서 1914년부터 1917년까지 쓴 논설들을 참고하라고 권하고자 한다. 이 논설들은 조만간 새로운 판본에 담겨 나올 것이다. 이 책 152쪽의 한 문단에 특히 주의를 기울이기 바란다. 검열관들이 받아들일 수 있도록 변장하면서도 독자들에게 자본가들과 자본가 편으로 도망친 사회국수주의자들이(카우츠키는 이들을 매우 일관성 없는 태도로 반대하고 있다.) 병합 문제에 대해 얼마나 파렴치하게 거짓말을 했는지 보여 주기 위해서, 나는 일본을 사례로 들지 않을 수 없었다! 주의 깊은 독자라면 쉽사리 일본을 러시아로, 조선을 핀란드, 폴란드, 쿠를란드, 우크라이나, 히바, 부하라, 에스토니아, 혹은 대(大)러시아인이 아닌 사람들이 사는 여타 지역으로 바꿀 수 있을 것이다.

나는 이 소책자가 독자로 하여금 근본적인 경제문제, 제국주의의 경제적 본질이라는 문제를 이해하는 데 도움을 줄 것이라 믿는다. 이것을 학습하지 않고서는 현대의 전쟁과 현대의 정치를 이해하고 평가하는 것이 불가능할 것이기 때문이다.

저자

1917년 4월 26일 페트로그라드

프랑스어판·독일어판 서문

I

러시아판 서문에서 지적했듯이, 나는 이 소책자를 차르 제정을 의식하며 1916년에 썼다. 나는 현재 원문 전체를 수정할 수도 없을 뿐더러 그것은 어쩌면 바람직한 일도 아닐 것이다. 이 책의 주된 목적이, 반박할 수 없는 부르주아 통계를 되풀이해서 개괄하고 모든 나라의 부르주아 학자들이 시인하는 내용에 의거하여, 20세기 벽두—최초의 세계 제국주의 전쟁 전야—에 국제 관계 속에서 나타난 세계 자본주의 체제의 **복합적 그림**을 제시하는 것이었고, 그것은 지금도 마찬가지이기 때문이다.

어느 정도 유익하리라 보는 점이 있다면, 그것은 선진 자본주의 국가들에서 많은 공산주의자들이 사회평화주의적 견해와 "세계 민주주의"에 대한 희망이 철저하게 기만이라는 사실을 설명하기 위해 **차르 제정 검열관의 입장에서도 합법적인** 이 소책자를 예로 삼아, 이를테면 최근 공산주의자들을 거의 무차별적으로 검거하는 일이 발생한 미국이나 프랑스에서 공산주의자들이 아직 사소한 합법성의 잔재라도 남아 있을 경우 그것조차 이용이 가능하다는 점과 그 필요성을 깨닫는 것이다. 나는 검열을 통과한 이 소책자에 추가되어야 할 가장 필수적인 사항을 이번 서문에서 제시하고자 한다.

II

이 소책자에서 1914~18년의 전쟁은 양측 모두에게 제국주의적인 것(즉 병합주의적이고 약탈적인 강탈 전쟁)이었음이 입증됐다. 그것은 세계의 분배를 위한, 식민지 및 금융자본의 영향권 등을 분할·재분할하기 위한 전쟁이었다.

전쟁의 진정한 사회적 성격, 아니 차라리 진정한 계급적 성격이 무엇인지에 대한 증거는 당연히 전쟁의 외교사에서 발견되는 것이 아니라, **모든** 교전국들의 지배**계급들**이 취하는 **객관적** 입장을 분석하는 것을 통해 발견된다. 이런 객관적 입장을 묘사하기 위해서는, 사례들이나 개별 자료를 가져오는 것이 아니라(사회생활의 현상들이 갖는 극도의 복잡함을 두고 볼 때, 몇몇 사례들이나 개별 자료들을 선택하여 어떤 명제를 입증하는 것은 항상 가능하다.) **모든** 교전국들과 **전 세계**의 경제생활에 **근거한 모든** 자료를 가져와야만 한다.

내가 1876년과 1914년 사이에 일어난 **세계 분할**(제6장) 및 1890년과 1913년 사이에 일어난 세계 **철도** 분할(제7장)을 묘사할 때 인용했던 자료는 바로 이런 종류의 전혀 논박할 수 없을 정도로 개괄된 자료였다. 철도는 자본주의 기초산업인 석탄, 철강의 총합이다. 철도는 세계무역과 부르주아 민주주의 문명 발전을 모두 종합한 가장 두드러진 지표이다. 철도가 어떻게 대규모 산업과 그리고 독점체·신디케이트·카르텔·트러스트·은행·금융과두제와 연결되는가는 이 책의 전반부 장에서 다루어진다. 철도의 불균등한 분포, 철도의 불균등한 발전은 이를테면 세계적 규모의 근대 독점자본주의를 요약한 것이다. 그리고 이 같은 요약은 생산수단의 사적 소유가 존재**하는 한 이러한** 경제체제하에서는 제국주의 전쟁이 무조건 불가피하다는 점을 입증한다.

철도의 건설은 단순하고 자연스럽고 민주적이고 문화적이고 문명화된 사업처럼 보인다. 그것은 자본주의 노예제를 미화하는 대가로 돈을 받는 부르주아 교수들의 의견이자 소부르주아 속물들의 의견이기도 하다. 그러나 사실상 수천의 서로 다른 얽히고설킴을 통해 각각의 사업들을 생산수단의 사적 소유 일반에 묶어 놓는 자본주의의 실들은 이 철도 건설을 **10억** 인민, 다시 말해 여러 "문명"국에서 사는 자본의 임금노예들뿐 아니라 종속국에서 살고 있는 지구 전체 인구의 절반 이상을 억압하기 위한 도구로 전환시켰다.

소(小)소유자의 노동에 입각한 사적 소유, 자유경쟁, 민주주의, 자본가들과 그들의 언론이 노동자와 농민을 속이기 위해 사용한 모든 표어들은 머나먼 과거의 것이 됐다. 자본주의는 한 줌의 "선진"국들이 세계 인구의 압도적 다수를 식민지를 통해 억압하고 금융적으로 교살하는 세계체제로 성장했다. 그리고 이러한 "전리품"은 완전무장한 강력한 세계적 약탈자 두세 곳(미국, 영국, 일본) 사이에서 분배되고 있다. 이 국가들은 전 세계를 **자신의** 전리품 배분을 둘러싼 **자신의** 전쟁으로 끌어들이고 있다.

III

군주국 독일이 강요한 브레스트리토프스크 조약, 그리고 그 후 “민주”공화국인 미국, 프랑스 및 “자유” 영국에 의해 강요된 훨씬 더 잔인하고 비열한 베르사유 조약은 제국주의가 고용한 날품팔이 문필가와 소부르주아 반동주의자들을 모두 폭로함으로써 인류에게 가장 유용한 봉사를 했다. 이들은 비록 스스로를 평화주의자, 사회주의자라고 부르지만 “윌슨주의”에 대한 찬양을 읊조리고 평화와 개혁이 자본주의하에서 가능하다고 주장한다.

전쟁—영국의 금융 약탈자 집단과 독일의 금융 약탈자 집단 중 어느 쪽이 가장 많은 전리품을 받을 지를 결정짓고자 한 전쟁—이 남긴 수천만의 망자와 불구자들, 그리고 이 2개의 “평화 조약”은 전례 없는 속도로 부르주아지에 의해 짓밟히고 억압받고 기만당하고 속아 온 수백 수천만 인민이 눈을 뜨게 하고 있다. 그 결과 전쟁이 야기한 광범위한 파괴로부터 전 세계적으로 혁명적 위기가 생겨나고 있고, 이 위기는 그것이 거쳐 나갈 여정이 아무리 길고 어려울지라도 프롤레타리아혁명과 그 승리가 아니고서는 끝날 수 없다.

제2인터내셔널의 바젤 선언은 1912년에 이미 전쟁 일반이 아닌 바로 1914년에 발발한 전쟁에 대한 평가를 제공했다(혁명전쟁을 포함하여 다양한 종류의 전쟁이 존재한다). 이 선언은 이제 제2인터내셔널의 치욕스러운 파산과 그 주역들의 배신을 완전히 폭로하는 기념비가 됐다.

이러한 이유에서 나는 이 선언을 이번 판의 부록으로 전재했고,

재차 독자에게 다음 사실에 주목하라고 촉구한다. 즉 제2인터내셔널의 주역들은 마치 도둑이 자신이 범한 범죄 현장을 회피하는 것과 마찬가지로, 임박한 전쟁과 프롤레타리아혁명 사이의 연관성을 정확하고 분명하고 확실하게 언명한 이 선언의 구절들을 주도면밀하게 회피하고 있다.

IV

이 소책자는 카우츠키주의 비판에 특히 주의를 기울였다. 이것은 세계 모든 나라에서 "가장 저명한 이론가들", 제2인터내셔널의 지도자들(오스트리아의 오토 바우어 일파, 영국의 램지 맥도널드와 여타 무리, 프랑스의 알베르 토마 따위 등등), 사회주의자·개량주의자·평화주의자·부르주아민주주의자·목사 무리가 대변하는 국제적 이데올로기 경향이다.

이러한 이데올로기적 경향은 한편으로 제2인터내셔널의 분열 및 쇠퇴의 산물이며, 다른 한편으로 그 생활방식 전체가 그들로 하여금 부르주아적·민주주의적 편견들에 사로잡히지 않을 수 없게 만드는 소부르주아지 이데올로기의 당연한 결과이다.

카우츠키와 그 비슷한 무리들이 견지하는 시각은, 이 저술가가 수십 년 동안, 특히 어찌됐든 사회주의적 기회주의(베른슈타인, 밀랑, 하인드먼, 곰퍼스 등)에 맞선 투쟁 과정에서 지지해 온 마르크스주의의 혁명적 원칙들 자체를 완전히 부인하는 것이다. 따라서 지금 전 세계적으로 카우츠키의 추종자들이 현실 정치에서(제2, 즉 황색 인터내셔널을 통해) 극단적 기회주의자들과 단결하고 있고(사회주의자가 참여하는 부르주아 연립정부를 통해) 부르주아 정부와 단결하고 있는 것은 결코 우연이 아니다.

성장하고 있는 세계 프롤레타리아혁명 운동 일반, 그리고 특수하게는 공산주의 운동은 카우츠키주의의 이론적 오류들을 분석하고 폭로하는 것을 피해 갈 수 없다. 마르크스주의에 어떠한 권리도 주장할 자격이 없고, 카우츠키 일파처럼 제국주의 모순들 및 이로부터 등장하는 불가피한 혁명적 위기의 심대함을 모호하게 만들고 있는 평화주의와 "민주주의" 일반이 여전히 전 세계에 걸쳐 광범위하게 퍼져 있기 때문에 더욱 그러하다. 이러한 경향들과 싸우는 것은 프롤레타리아트 정당의 본분이다. 부르주아지에 의해 기만당하고 있는 소소유자들과 많은 적든 소부르주아적 생활 조건을 누리는 수백만 노동 인민을 부르주아지로부터 되찾아 와야 하기 때문이다.

V

제8장 "자본주의의 기생성과 부패"에 관해 몇 마디 말해야 하겠다. 원문에서 이미 지적했듯이, 전직 "마르크스주의자"이자 현재 카우츠키의 전우이면서 독일 독립사회민주당의 부르주아적 개량주의 정책의 핵심 주창자인 힐퍼딩은 **솔직한** 평화주의자이자 개량주의자인 영국 사람 홉슨에 비해 이 문제에서 일보 후퇴했다. 전체 노동자계급 운동의 국제적 분열은 이제 매우 명백하다(제2인터내셔널과 제3인터내셔널). 무장투쟁과 내전이 이제 두 경향 사이에서 감행되고 있다는 사실 역시 명백하다—러시아에서 볼셰비키에 반대하여 멘셰비키와 사회혁명당이 콜차크와 데니킨에게 지지를 보낸 점, 독일에서 샤이데만과 노스케

일파가 스파르타쿠스단에 반대해 부르주아지와 협력하여 수행한 전투, 핀란드, 폴란드, 헝가리 등에서 벌어진 비슷한 사건 등이 그것이다. 이런 세계사적 현상의 경제적 토대는 무엇인가?

그것은 바로 자본주의의 최고 역사 발전 단계, 즉 제국주의의 특징인 자본주의의 기생성과 부패이다. 이 소책자가 보여 주듯이, 자본주의는 이제 단지 "이표 절취"로 전 세계를 약탈하는 대단히 부유하고 강대한 한 줌의 국가들(지구상에 사는 사람의 10분의 1도 안 되며, 가장 "관대"하고 자유주의적인 계산에 입각해도 5분의 1도 안 된다.)을 선발했다. 전쟁 전 부르주아 통계에 따르면 자본수출은 전쟁 전 가치로 연간 80억에서 100억 프랑의 소득을 가져온다. 물론 현재 자본수출이 가져오는 돈은 훨씬 더 많다.

분명, 이러한 거대한 **초과이윤**(그것은, 자본가들이 "자기" 나라의 노동자들로부터 쥐어짤 수 있는 이윤을 상회하여 획득되기 때문에 초과이윤이다.)을 가지고 노동운동 지도자들과 노동귀족 상층을 **매수하는 것이 가능하다.** 그리고 그것이 바로 "선진"국 자본가들이 하고 있는 일이다. 자본가들은 천 가지 다양한 방식으로 그들을 매수하고 있다. 그것은 직접적일 수도 있고 간접적일 수도 있으며, 공공연할 수도 있고 은밀할 수도 있다.

이 부르주아화한 노동자층, 즉 노동귀족은 생활 방식으로 보나 소득 규모로 보나 전반적 사고방식으로 보나 완전히 속물이고, 제2인터내셔널의 주된 지주이며, 현재에는 **부르주아지의** 주된 **사회적**(군사적은 아니지만) **지주**이다. 그들은 **노동자**계급 운동 내에 존재하는 **부르주아지의 실질적 대리인**이자, 자본가계급의 노동 부관이며, 개량주의와 국수주의의 진정한 전달 수단이다. 프롤레타리아트와 부르주아지 사이의 내전에서 그들이 부르주아지 편에 서고 "코뮌파"에 맞서 "베르사유파" 편에 서는 것은 필연적이고, 그 수도 적지 않다.

이런 현상의 경제적 근원을 이해하지 않고 그것의 정치적·사회적 함의를 평가하지 않는다면, 공산주의 운동과 임박한 사회혁명의 실천적 문제 해결을 향해 단 한 발도 내딛을 수 없다.

제국주의는 프롤레타리아트 사회혁명의 전야이다. 이 점은 1917년 이후 전 세계적 규모로 입증되었다.

N. 레닌

1920년 7월 6일

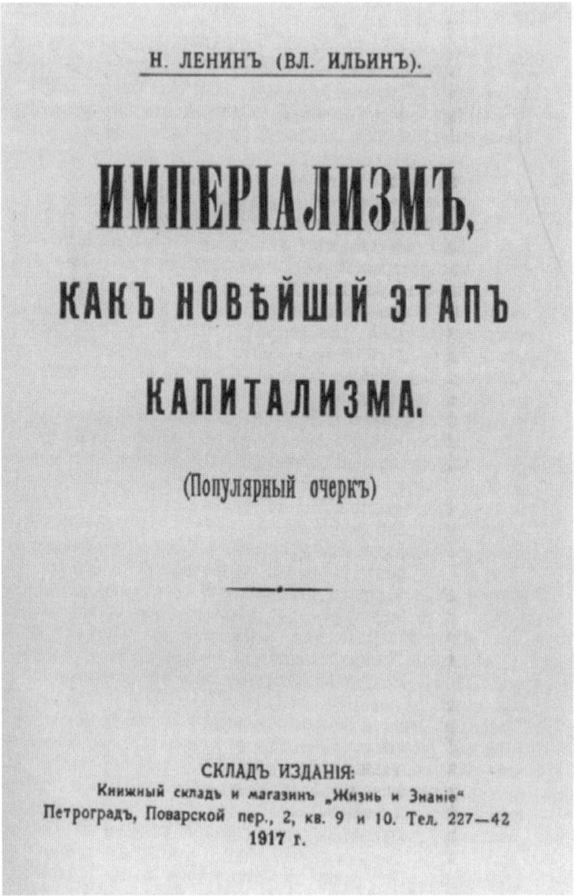

Н. ЛЕНИНЪ (ВЛ. ИЛЬИНЪ).

ИМПЕРІАЛИЗМЪ,

КАКЪ НОВѢЙШІЙ ЭТАПЪ

КАПИТАЛИЗМА.

(Популярный очеркъ)

СКЛАДЪ ИЗДАНІЯ:
Книжный складъ и магазинъ „Жизнь и Знаніе"
Петроградъ, Поварской пер., 2, кв. 9 и 10. Тел. 227—42
1917 г.

『제국주의, 자본주의의 최고 단계(대중적 개설)』 초판 표지(1917년)

제국주의,
자본주의의 최고 단계
대중적 개설

지난 15년에서 20년 사이, 특히 스페인-미국 전쟁(1898년), 보어전쟁(1899~1902년) 이후, 신·구 대륙의 경제 문헌뿐 아니라 정치 문헌에서조차도 점점 더 빈번하게 지금 시대를 묘사하기 위해 "제국주의"라는 용어를 채택했다. 1902년 영국 경제학자 J. A. 홉슨의 책 『제국주의』가 런던과 뉴욕에서 출판됐다. 이 저자는 근본적으로 전직 마르크스주의자 카를 카우츠키의 현재 관점과 동일한 부르주아적 사회개량주의와 평화주의 관점을 가졌지만 제국주의의 주된 고유한 경제적·정치적 특징들을 이해하기 쉽게 매우 잘 묘사했다. 1910년 빈에서 오스트리아 마르크스주의자 루돌프 힐퍼딩의 저작, 『금융자본』(러시아판은 1912년 모스크바에서 출판됨.)이 등장했다. 저자가 화폐이론에서 범한 실수에도 불구하고, 그리고 마르크스주의를 기회주의와 화해시키려는 특정 성향에도 불구하고, 이 저작은 부제가 말하는 바, "자본주의 발전의 최근 국면"에 대해 매우 가치 있는 이론적 분석을 제공한다. 사실 지난 몇 년간, 특히 많은 잡지와 신문 논설 속에서, 또한 예컨대 1912년 가을 개최된 켐니츠 대회와 바젤 대회의 결의문 속에서 제국주의에 대해 이야기된 내용들은 위에 언급한 두 저자가 설명한, 아니 더 정확히 말하자면 요약한 견해를 그다지 뛰어넘지 못한다.

이제 나는 제국주의의 주된 경제적 특징들 사이의 연관과 관계를 짧고 가능한 한 단순하게 보여 주고자 노력할 것이다. 이 문제의 비경제적 측면들을 다룰 필요가 아무리 많다 하더라도, 나는 그것을 다룰 수는 없을 것이다. 추측건대 모든 독자들이 관심을 가지지는 않을 참고 문헌 및 여타 주석들은 이 소책자의 말미에서 찾아볼 수 있다.

제1장
생산의 집적과 독점체

거대한 산업 성장과 계속 커져 가는 기업들 수중으로 생산이 놀랄 만큼 급속하게 집적하는 것은 자본주의의 가장 두드러진 특징 중 하나이다. 근대 생산 통계는 이 과정에 대한 가장 완벽하고 가장 정확한 자료를 제공한다.

예컨대 독일에서, 산업 기업 1천 개당 대기업, 즉 50명 이상 고용하는 기업은 1882년 세 곳, 1895년 여섯 곳, 1907년 아홉 곳이었다. 고용된 노동자 100명당 이 기업 집단에 고용된 수는 각각 22, 30, 37명이었다. 그렇지만 생산의 집적은 노동자의 집적보다 훨씬 더 격렬했다. 대기업의 노동은 훨씬 더 생산적이기 때문이다. 이것은 증기기관과 전기 원동기 수치를 통해 알 수 있다. 우리가 산업이라는 용어를 상업, 운수 등을 포함한 포괄적 의미로 간주하는 독일을 살펴본다면, 다음의 수치를 얻는다. 대기업은 326만5623곳 중 3만588곳으로, 0.9퍼센트를 차지한다. 이 기업들은 총 1천440만 명 중 570만 명의 노동자, 즉 39.4퍼센트를 고용한다. 대기업들은 증기력 총 880만 마력 중 660만 마력, 즉 75.3퍼센트를 이용하며, 전기 총 150만 킬로와트 중 120만 킬로와트, 즉

77.2퍼센트를 이용한다.

총 기업 수의 100분의 1도 안 되는 기업들이 증기력과 전력 총량 중 **4분의 3 이상**을 사용한다! 전체 기업 중 91퍼센트를 차지하는 소기업들(5명 이하 고용) 297만 곳은 증기력과 전력 총량 중 단지 7퍼센트만 사용한다! 수만 개의 거대 기업들이 전부이고 수백만 개의 소기업은 아무 존재도 아니다.

1907년, 독일에는 노동자를 1천 명 이상 고용한 기업이 586곳 존재했다. 이 기업들은 산업에 고용된 노동자 총수 중 거의 **10분의 1**(138만 명)을 고용했고, 증기력과 전력 총량 중 거의 **3분의 1**(32퍼센트)을 소비했다.[1] 앞으로 살펴보겠지만, 화폐자본과 은행은 이 한 줌의 거대 기업들이 가진 우위를 문자 그대로 훨씬 더 압도적인 것으로 만든다. 다시 말해 중소 소유자들 수백만, 심지어 일부 대"소유자들"은 사실상 수백 명에 불과한 백만장자 금융업자에게 완전히 종속된다.

또 다른 선진적 근대 자본주의 국가인 미국에서, 생산의 집적은 한층 더 크게 성장하고 있다. 이곳에서 통계는 산업이란 단어를 협소한 의미로 사용하며 연간 산출량의 가치에 따라 기업들을 분류한다. 1904년 100만 달러 이상을 산출한 대기업은 1900곳이었다(21만6180곳 중 0.9퍼센트). 이 기업들은 노동자 140만 명을 고용했고(550만 명 중 25.6퍼센트) 산출량의 가치는 모두 56억 달러였다(148억 달러 중 38퍼센트). 5년 후인 1909년, 해당 수치는 다음과 같다. 기업 3060곳(26만8491곳 중 1.1퍼센트)이 노동자 200만 명을 고용했고(660만 명 중 30.5퍼센트) 산출량은 90억 달러에

1 수치는 *Annalen des deutschen Reichs*, 1911, Zahn에서 취함.

달했다(207억 달러 중 43.8퍼센트).[2]

이 나라 모든 기업의 총생산 중 거의 절반이 기업 전체의 **100분의 1**에 의해 수행되고 있다! 이 거대 기업 3천 곳이 258개 산업부문을 포괄한다. 이로부터 일정한 발전 단계에 이르면 집적 자체가 이를테면 곧장 독점으로 이어진다는 점을 알 수 있다. 20개 정도의 거대 기업은 쉽게 합의에 이를 수 있기 때문이다. 다른 한편으로 경쟁에 대한 장애물, 독점을 향한 경향은 기업의 막대한 규모로부터 비롯된다. 이렇게 경쟁이 독점으로 전환하는 것은 근대 자본주의경제의—가장 중요한 현상은 아닐지라도—중요한 현상 중 하나이며 우리는 이 점을 더 구체적으로 다뤄야만 한다. 그러나 우선 우리는 한 가지 제기될 수 있는 오해를 풀어야만 한다.

미국의 통계는 250개 산업부문에 있는 거대 기업 3천 곳을, 마치 각 산업부문마다 가장 큰 규모의 기업이 12개씩만 존재하는 것처럼 언급한다.

그러나 이것은 사실이 아니다. 모든 산업부문에 대기업들이 존재하는 것이 아니다. 무엇보다 최고 단계의 발전에 이른 자본주의의 매우 중요한 특징은 이른바 생산의 **결합**, 다시 말해 단일기업으로 상이한 산업부문이 합쳐지는 것이다. 이는 원자재 처리 공정의 연속적 단계들로 이루어지거나 (예를 들어 철광석을 용해하여 선철을 만들고, 선철을 강철로 변환하고, 그 후 철강재를 제조하는 과정) 아니면 서로 보조하는 관계이다(예를 들어 폐물 혹은 부산물의 활용, 포장 재료의 제조 등).

"결합"은 힐퍼딩에 따르면, "경기변동을 안정시켜 결합기업들에게

2 *Statistical Abstract of the United States*, 1912, p. 202.

보다 안정적 이윤율을 보장한다. 두 번째로 결합은 거래를 배제하는 효과를 지닌다. 세 번째로 그것은 기술 개선을 가능하게 만들고 결과적으로 '순수'(즉 비결합) 기업들이 얻을 수 있는 것 이상으로 초과이윤을 획득할 수 있게 한다. 네 번째로 그것은 원자재 가격 폭락이 공산품 가격 폭락과 같은 속도로 일어나지 않는 심각한 불황기의 경쟁적 투쟁에서 '순수' 기업들에 비해 결합기업들의 지위를 강화한다.[3]

독일 철산업의 "혼합"기업, 다시 말해 결합기업을 특별히 다룬 책을 쓴 독일의 부르주아 경제학자, 하이만(Hans Gideon Heymann)은 "순수 기업이 사라지고 있고, 원자재의 높은 가격과 최종 생산물의 낮은 가격 사이에서 짓눌리고 있다."고 썼다. 따라서 우리는 다음과 같은 그림을 얻는다. 즉 "한편에는 연간 수백만 톤을 생산하고 자체 석탄 신디케이트로 강력하게 조직된 거대 석탄회사들이 존재하고, 다른 한편에는 석탄 광산들과 긴밀하게 연합한 자체 철강 신디케이트를 가진 거대 제철소들이 존재한다. 이 거대 기업들은 연간 철강 40만 톤을 생산하고, 엄청난 철광석, 석탄을 산출하고, 최종 철강 제품을 생산하고, 회사 건물에서 먹고 자는 노동자를 1만 명 고용하고, 때때로 자체 철도와 항구를 소유하고 있다. 이 기업들은 독일 철강산업의 전형적 대표들이다. 그리고 집적은 더욱더 멀리 나아간다. 개별 기업들은 더욱더 커지고 있다. 한 산업 혹은 여러 산업에서 점점 더 많은 수의 기업이 거대 기업들에 동참하고 있고 베를린에 있는 거대 은행 여섯 곳의 후원을 받거나 지시를 받는다. 독일 광산업과 관련하여 집적에 관한 카를 마르크스의 가르침이 진실임은 명백히 증명됐다. 진정 그것은

3 *Finance Capital*, Russ. ed., pp. 286~87.

산업이 관세와 운임률로 보호받는 나라에 꼭 들어맞는다. 독일 광산업은 수탈당할 만큼 성숙했다."[4]

이것이 예외적으로 양심을 가진 부르주아 경제학자가 도달한 결론이다. 독일 산업이 높은 관세로 보호받고 있다는 이유로 그가 독일을 특수한 범주에 위치시키는 것으로 보인다는 점을 지적해야 한다. 그러나 그것은 단지 집적과 독점적 제조업자 단체·카르텔·신디케이트 따위의 형성을 가속하는 환경일 따름이다. 자유무역을 하는 영국에서도 다소 늦게, 어쩌면 다른 형태로 일어나긴 했어도, 집적이 **역시** 독점으로 이어졌다는 점을 주목하는 게 매우 중요하다. 헤르만 레비(Hermann Levy) 교수는 『독점체, 카르텔, 트러스트』라는 제목의 특별 연구서에서 영국 경제 발전 자료에 근거하여 다음과 같이 썼다.

"영국에서는 바로 기업 규모와 기업의 높은 기술 수준이 독점 경향을 품고 있다. 이것은 무엇보다 기업당 자본 투자 규모가 크기 때문이다. 이것은 신규 기업들로 하여금 새로운 자본에 대한 수요를 증대시키고 이로 인해 신규 기업의 창업을 보다 어렵게 만든다. 무엇보다(그리고 이것이 우리에게는 좀 더 중요한 지점으로 보인다.) 집적에 의해 형성된 거대 기업들과 보조를 맞추고 싶어 하는 모든 신규 기업은 이제 매우 엄청난 양의 잉여 제품을 생산할 것이다. 신규 기업이 그것들을 처분할 수 있는 경우는 오직 막대한 수요 증가가 일어나서 수익성 있게 팔 수 있을 때뿐이다. 그러지 못한다면, 이 잉여는 신규 기업이나 독점적 기업 합동 모두에게 이익이 나지 않는 수준으로 가격 하락을 강요할 것이다."

4 Hans Gideon Heymann, *Die gemischten Werke im deutschen Grosseiseugewerbe*, Stuttgart, 1904, S. 256, 278.

영국은, 보호관세가 카르텔의 형성을 촉진하는 다른 나라들과 다르다. 다른 나라에서 독점적 제조업자 단체·카르텔·트러스트는 대부분의 경우 주요 경쟁 기업들의 수가 "20여 개 정도"로 감소했을 때에나 생겨난다. "여기서 산업 전 영역에 걸쳐 집적이 대규모 산업 독점체의 형성에 끼친 영향은 매우 명료하게 눈에 들어온다."[5]

반세기 전 마르크스가 『자본론』을 저술할 무렵, 자유경쟁은 압도적 다수의 경제학자들에게 "자연법칙"으로 여겨졌다. 공식 학계는 자본주의에 대한 이론적·역사적 분석을 통해 자유경쟁이 생산의 집적을 일으키고 이것이 다시 일정한 발전 단계에서 독점으로 이어진다는 점을 증명했던 마르크스의 저작들을 침묵을 통해 없애려고 했다. 오늘날, 독점은 사실이 됐다. 경제학자는 독점의 다양한 발현을 묘사하는 책들을 산더미같이 써 대고 있으면서도 계속 이구동성으로 "마르크스주의는 논박됐다."고 선언하고 있다. 그러나 영국 속담에서 말하는 것처럼 사실은 완고한 것이라, 좋든 싫든 상관없이 우리는 그것을 고려해야만 한다. 이 사실은 다음의 것을 보여 준다. 즉 예컨대 보호냐 자유무역이냐의 문제와 같은 자본주의국가들 사이의 차이는 단지 독점체의 형태나 그것의 출현 시점에서의 사소한 변동을 일으킬 뿐이다. 그리고 생산이 집적한 결과로 독점체가 등장하는 것은 자본주의의 현재 발전 단계에서 일반적·근본적 법칙이다.

유럽에서 새로운 자본주의가 과거의 자본주의를 대체한 **명확한** 시점은 상당히 정확하게 확정할 수 있다. 그 시점은 20세기의 벽두였다. "독점체의 형성"사에 관한 최근 편찬물 중 하나에서 우리는 다음의

5 Hermann Levy, *Monopole, Kartelle und Trusts*, Jena, 1909, S. 286, 290, 298.

내용을 읽게 된다.

“1860년 이전 시기에는 자본주의 독점과 관련된 개별 사례들을 찾아볼 수 있었다. 이것들로는 오늘날 매우 공통된 형태들의 맹아만이 식별된다. 그러나 이 모든 것은 의심할 바 없이 카르텔의 전사(前史)를 대표한다. 근대 독점의 진정한 시작은 가장 이르게는 60년대로 거슬러 올라간다. 첫 번째 중요한 독점의 발전기는 70년대부터 시작해 90년대 초반까지 지속된 국제적 산업 불황과 함께 시작했다.” “만약 우리가 유럽 차원에서 이 문제를 고찰한다면, 우리는 자유경쟁의 발전이 60~70년대에 정점에 도달했음을 발견할 것이다. 영국이 과거 방식의 자본주의 조직을 완전히 완성한 것이 바로 이때였다. 독일에서 이 조직은 수공업 및 가내공업과 격렬한 투쟁에 들어갔고 자기만의 존재 형태를 스스로 창출하기 시작했다.”

“거대한 혁명이 1873년의 공황, 아니 그 이후 계속된 불황과 함께 시작됐다. 80년대 초반 거의 식별할 수 없는 중단기가 있었고 1889년 무렵 전에 없이 맹렬했으나 단명하고 만 경기상승을 겼었지만, 이 불황은 22년 동안 유럽 경제사를 좌지우지했다. …… 1889~90년의 짧은 경기상승기 동안 우호적인 사업 조건을 활용하기 위해 카르텔 체제가 광범위하게 사용됐다. 잘못 추진된 정책으로 인해 카르텔이 존재하지 않은 경우보다 훨씬 더 빠르게 높은 물가 상승이 일어났다. 그리고 거의 모든 카르텔들은 큰 실패를 겪고 불명예스럽게 사라졌다. 불경기와 저물가 시기가 5년 동안 뒤따랐다. 그러나 새로운 정신이 산업을 지배했다. 불황은 더 이상 당연한 것으로 간주되지 않았다. 그것은 또 다른 경기상승 직전의 휴지기에 지나지 않았다.”

"카르텔 운동은 두 번째 시기로 접어들었다. 카르텔은 과도적 현상이 아니라 경제생활의 기초 중 하나가 됐다. 그것은 산업 영역 하나하나에서 승리하고 있었고, 특히 원자재 산업에서 승리하고 있었다. 90년대 초반에 이미 카르텔 체제는 거의 개선할 게 없을 정도로 카르텔 기술을—나중에 형성되는 석탄 신디케이트의 전형이 되는 코크스 신디케이트 조직을 통해—습득했다. 19세기 말 대규모 경기상승과 1900~03년 공황은—적어도 석탄 산업 및 철 산업에서—전적으로 카르텔의 보호하에서 발생한 최초의 것이었다. 당시 이것은 뭔가 참신한 일처럼 보였으나 이제 대중은 경제생활의 큰 영역들이 대체로 자유경쟁의 영역에서 벗어난 것을 당연하게 여긴다."[6]

따라서 독점체의 역사에서 주요 단계들은 다음과 같다.

(1) 1860~70년. 자유경쟁의 최고 단계이자 발전의 정점. 독점은 거의 식별할 수 없는 맹아 단계에 있다. (2) 1873년 공황 이후. 카르텔의 장기간 발전기. 그러나 그것은 여전히 예외이다. 그것은 아직 영속적이지 않다. 그것은 여전히 과도적 현상이다. (3) 19세기 말의 경기상승과 1900~03년의 공황. 카르텔은 경제생활 전체의 기초 중 하나가 된다. 자본주의는 제국주의로 전환했다.

카르텔은 판매 조건, 지불 시기 등에 대한 협정을 맺기에 이른다. 카르텔은 자기들끼리 시장을 분할한다. 카르텔은 생산할 재화의 양을

6 Th. Vogelstein, "Die finanzielle Organisation der kapitalistischen Industrie und die Monopolbildungen" in *Grundriss der Sozialökonomik*, VI. Abt., Tübingen, 1914. 또한 동일한 저자의 다음 책을 참고할 것. *Organisationsformen der Eisenindustrie und Textilindustrie in England und Amerika*, Bd. 1, Lpz., 1910.

정하고, 가격을 정한다. 카르텔은 다양한 기업들 사이에서 이윤을 분배한다, 등등.

독일에서 카르텔 수는 1896년 약 250개, 1905년 385개로, 대략 1만2천 개 기업이 참여하는 것으로 평가됐다.[7] 그러나 일반적으로 이 수치들은 저평가된 것으로 인정받고 있다. 우리가 위에서 인용한 1907년 독일 산업 통계에 따르면, 심지어 이 거대 기업 1만2천 개가 독일에서 사용하는 증기력과 전력의 절반 이상을 소비하는 것이 분명하다. 미국에서 트러스트 수는 1900년 185개, 1907년 250개로 평가된다. 미국 통계는 모든 산업의 기업들을 개인, 사기업, 법인에 속하는 것으로 분류한다. 법인은 1904년 23.6퍼센트, 1909년 25.9퍼센트를 차지했고, 이것은 미국 전체 산업 기업의 4분의 1 이상이다. 법인은 1904년 70.6퍼센트, 1909년 75.6퍼센트를 고용했고, 이것은 전체 임금 생활자 중 4분의 3 이상이다. 이 두 시기 산출량의 가치는 각각 109억 달러와 163억 달러로, 총 산출량의 73.7퍼센트와 79.0퍼센트였다.

때때로 카르텔과 트러스트는 해당 산업부문 총 산출량의 10분의 7에서 10분의 8을 자신들 손아귀에 집적한다. <라인-베스트팔렌 석탄 신디케이트>는 1893년 설립됐을 당시 해당 지역 석탄 총 산출량의 86.7퍼센트를 집적했고 1910년에는 이미 95.4퍼센트를 집적했다.[8] 이렇게 생겨난 독점은 막대한 이윤을 보장하며, 경이적인 규모의 기술적 생산

7 Dr. Riesser, *Die deutschen Grossbanken und ihre Konzentration im Zusammenhange mit der Entwicklung der Gesamtwirtschaft in Deutschland*, 4. Aufl., 1912, S. 149; Robert Liefmann, *Kartelle und Trusts und die Weiterbildung der volkswirtschaftlichen Organisation*, 2. Aufl., 1910, S. 25.

8 Dr. Fritz Kestner, *Der Organisationszwang. Eine Untersuchung über die Kämpfe zwischen Kartellen und Aussenseitern*, Berlin, 1912, S. 11.

단위를 형성하는 데로 이어졌다. 유명한 미국의 <스탠더드 석유회사>는 1900년에 설립됐다. "회사는 1억5천만 달러를 수권자본금으로 정했다. 회사는 1억 달러의 일반주와 1억6백만 달러의 우선주를 발행했다. 1900년부터 1907년까지 다음의 배당금이 우선주에 배당됐다. 매년 48퍼센트, 48퍼센트, 45퍼센트, 44퍼센트, 36퍼센트, 40퍼센트, 40퍼센트, 40퍼센트로 총 합계 3억6700만 달러였다. 1882년부터 1907년까지 8억8900만 달러 상당의 총 순이윤 중 6억600만 달러가 배당금으로 분배됐고 나머지는 예비자본금으로 두었다."[9] "1907년 <미국철강회사>의 다양한 작업에 21만180명이 고용됐다. 독일 광산업의 최대 기업인 <겔젠키르헨 광업회사>는 1908년 노동자와 사무직 고용자 4만6048명을 직원으로 썼다."[10] 1902년 <미국철강회사>는 이미 철강 900만 톤을 생산했다.[11] 미국 철강 총 산출량 중 이 회사의 산출량이 차지하는 비중은 1901년 66.3퍼센트, 1908년 56.1퍼센트였다.[12] 철광석 산출량 비중은 각각 43.9퍼센트와 46.3퍼센트였다.

'미국 정부 트러스트 위원회'의 보고서에 따르면 "경쟁자들에 대한 트러스트의 우위는 해당 기업의 규모와 뛰어난 기술 장비에서 비롯된다. 사업 초부터 <담배 트러스트>는 수작업을 기계 작업으로 전부 대체하기 위해 모든 노력을 기울였다. 이것을 염두에 두고 트러스트는 담배 제조와 관련된 모든 특허를 사들였고 이 목적을 위해 막대한 돈을

9 R. Liefmann, *Beteiligungs und Finanziertingsgesellschaften. Eine Studie über den modernen Kapitalismus und das Effektenwesen*, 1. Aufl., Jena, 1909, S. 212.

10 위의 책, S. 218.

11 Dr. S. Tschierschky, *Kartell und Trust, Göttingen*, 1903, S. 13.

12 Tr. Vogelstein, *Organisationsformen*, S. 275.

들였다. 이렇게 사들인 특허 중 상당수는 처음에는 아무런 쓸모가 없는 것으로 입증됐고 트러스트가 고용한 기술자들에 의해 개조되어야 했다. 1906년 말, 자회사 두 곳이 오직 특허 취득 목적을 위해 설립됐다. 같은 목적을 염두에 두고 트러스트는 자체 주물공장, 기계공장, 수리공장을 건설했다. 브루클린에 있는 이 시설 중 한 곳은 평균 300명의 노동자를 고용한다. 이곳에서 궐련, 여송연, 코담배, 포장용 은박지, 담뱃갑 제조와 관련된 발명을 위한 실험이 진행된다. 또한 이곳에서 완성된 발명품이 나온다."[13] "다른 트러스트도 역시 개발 기술자라 불리는 사람들을 고용한다. 이들의 업무는 새로운 생산방법을 고안하고 기술 개선을 시험하는 것이다. <미국철강회사>는 기술 효율성을 향상시키거나 생산비용을 절감한 발명이 나오면 해당 노동자와 기술자에게 큰 상여금을 수여하고 있다."[14]

독일의 대규모 산업, 이를테면 지난 수십 년 동안 엄청나게 발전한 화학 산업에서, 동일한 방식으로 기술 개선이 촉진됐다. 1908년까지 생산의 집적 과정을 통해 이미 주요 "집단들"이 2개 등장했다. 이들 역시 그 나름대로 독점체의 본성에 충실했다. 처음에 이 집단들은, 대공장 2개로 이루어진 "2사 연합"을 2개 형성했다. 각각은 2천만에서 2100만 마르크에 달하는 자본을 보유했다. 한편은 회흐스트 소재의 구(舊) 마이스터 공장과 프랑크푸르트암마인에 소재한 카젤라 공장이었다.

13 *Report of the Commissioner of Corporations on the Tobacco Industry, Washington*, 1909, p. 266, Dr. Paul Tafel, *Die nordamerikanischen Trusts und ihre Wirkungen auf den Fortschritt der Technik*, Stuttgart, 1913, S. 48에서 인용함.

14 Dr. P. Tafel, 위의 책, S. 49.

다른 한편은 루트비히스하펜 소재 아닐린·소다 공장과 엘버펠트 소재의 구(舊) 바이에르 공장이었다. 그 후 1905년에는 이 집단 중 하나가, 1908년에는 그중 다른 집단이 각각 또 다른 대공장과 협정에 도달했다. 그 결과 2개의 "3사 연합"이 형성됐다. 각각은 4천만에서 5천만 마르크의 자본을 보유했다. 이 "연합"들은 이미 서로에게 "접근하여" 가격 등에 대한 "협정"에 도달하기 시작했다.[15]

경쟁은 독점으로 전환된다. 그 결과 생산의 사회화가 엄청나게 진전한다. 특히 기술의 발명·개선 과정이 사회화된다.

이것은, 서로 흩어져서 접촉하지 않으며 미지의 시장을 위해 생산을 하는 과거 제조업자들 사이의 자유경쟁과는 사뭇 다른 것이다. 집적은 한 나라의, 심지어 앞으로 살펴볼 것처럼 몇몇 나라나 세계 전체의 모든 원자재 공급원에 대한 대략적 평가치(가령 철광석 매장량)를 산정하는 게 가능해지는 수준에 도달했다. 그러한 평가치가 산정될 뿐 아니라 이런 공급원들이 거대한 독점적 단체들 수중에 들어간다. 시장 수용력에 대한 대략적 평가치 역시 마련되고, 단체들은 협정을 통해 이것을 자기들끼리 "분배"한다. 숙련노동이 독점되고 최고 기술자들이 고용된다. 운송수단— 미국의 철도, 유럽과 미국의 선박회사—이 노획 당한다. 제국주의 단계의 자본주의는 가장 포괄적인 생산의 사회화로 근접해 간다. 그것은 이를테면 자본가들을 그들의 의지와 의식에 반하여, 완전한 자유경쟁에서 완전한 사회화로 가는 과도기에 놓인 일종의 새로운 사회질서로 끌고 간다.

15 Riesser, 앞의 책, third edition, p. 547 이하 참고. 이 신문(1916년 6월)은 독일 화학 산업을 결합시키는 하나의 새로운 거대 트러스트의 형성을 보도한다.

생산은 사회적인 것으로 되지만 전유는 계속 사적인 상태로 남는다. 사회적 생산수단은 소수의 사유재산으로 남는다. 형식적으로 인정받는 자유경쟁의 전반적 틀은 남지만, 소수 독점자들이 나머지 주민들에게 지우는 멍에가 백배나 더 무거워지고 곤란해지고 참을 수 없는 것이 된다.

독일 경제학자 케스트너(Fritz Kestner)는 전적으로 "카르텔과 외부자(즉 카르텔에 속하지 않는 자본가들) 사이의 투쟁"을 다룬 책을 한 권 썼다. 그는 책 제목을 『강제적 조직』으로 정했다. 그러나 현재 자본주의에 참된 빛을 비추고자 했다면, 그는 당연히 독점적 단체들로의 강제적 예속에 관해 써야 했다. 적어도 독점적 단체들이 오늘날 의존하는, "조직"을 위한 최근의 문명화 된 투쟁 방법 목록을 일별해 보는 것은 도움이 된다. (1) 원자재 공급 중단("카르텔에 붙어 있을 것을 강요하는 가장 중요한 방법들 중 하나"), (2) "동맹"이란 수단을 통해 노동 공급 중단(여러 자본가와 노동조합 사이의 협정으로 예컨대 노동조합이 자기 조합원들에게 오직 카르텔에 속한 기업에서만 일하도록 허용하는 방식), (3) 출하 중단, (4) 거래점 폐쇄, (5) 구매자와의 협정을 통해 구매자가 반드시 카르텔과 거래하도록 보증하는 방법, (6) 체계적 가격 인하("외부" 회사들, 다시 말해 독점자들에게 복종하기를 거부하는 회사들을 몰락시키는 방법. 특정 시기 동안 제품을 그것의 비용가격 이하로 판매하는 데 수백만 마르크를 지출한다. 그렇다보니 석유 가격이 40마르크에서 22마르크로, 거의 절반가량 할인된 경우도 있었다!), (7) 신용거래 중단, (8) 불매 행위.

여기서 우리가 보는 것은 더 이상 소기업과 대기업의 경쟁, 기술적으로 앞선 기업과 후진적 기업 사이의 경쟁이 아니다. 우리는 이제 자신에게, 자신의 속박에, 자신의 명령에 복종하지 않는 기업을 교살하고 있는 독점자들을 본다. 다음의 글을 통해 이 과정이 어떻게 한 부르주아 경제학자의 머릿속에 나타나는지 알 수 있다.

케스트너에 따르면, "순수한 경제 영역에서조차 종래의 의미에서 조직적-투기적 활동으로 인해 상업 활동에 어떤 변화가 일어나고 있다. 기술적·상업적 경험이 많아 구매자의 욕구를 그 누구보다 가장 잘 판단할 수 있고, 잠재수요를 발견하고, 말하자면 '일깨울' 수 있는 상인은 더 이상 가장 크게 성공하는 사람이 아니다. 조직의 발전과 개별 기업과 여러 은행 사이에 존재하는 어떤 연계 가능성을 미리 판단할 줄 아는, 심지어 단지 느낄 줄 아는 투기의 천재[?!]에게 가장 큰 성공이 돌아간다……."

평범한 사람의 언어로 번역하면, 이것은 이런 의미이다. 즉 자본주의의 발전은, 비록 상품생산이 여전히 "지배"하고 계속 경제생활의 토대로 간주되더라도, 실제로는 훼손됐고 대부분의 이윤이 금융 조작의 "천재들"에게 돌아가는 단계에 도달했다. 이러한 조작과 사취의 밑바탕에는 사회화된 생산이 놓여 있다. 그러나 이런 사회화를 이뤄 낸 인류의 거대한 진보가 …… 투기꾼들을 이롭게 하고 있다. 우리는 나중에 자본주의적 제국주의에 대한 반동적, 소부르주아적 비판가들이 어떻게 "이를 근거 삼아" "자유"롭고 "평화"롭고 "정직"한 경쟁으로 **되돌아가는** 꿈을 꾸고 있는지 살펴볼 것이다.

케스트너는 이렇게 말한다. "카르텔의 형성에 기인한 지속적인 가격 상승은 여태껏 가장 중요한 생산수단 특히 석탄, 철, 칼륨을 중심으로 관찰되어 왔을 뿐 공산품을 중심으로는 결코 관찰되지 않았다. 이와 비슷하게, 이러한 가격 상승에서 오는 이윤 증가는 오직 생산수단을 생산하는 산업들로만 제한되어 왔다. 우리는 이러한 관찰에 다음의 사실을 덧붙여야 한다. 즉 (반제품이 아닌) 원자재를 처리하는 산업들은 카르텔 형성을 통해 완제품 산업을 희생시켜 얻은 높은 이윤이라는 형식으로 이익을 확보할 뿐 아니라 후자에 대한 **지배적 위치**를 확보해 왔고, 이것은 자유경쟁하에서는 존재하지 않았던 일이다."[16]

내가 진하게 강조한 단어들은, 부르주아 경제학자들이 그렇게 마지못해 그렇게 드물게 인정하고, 카우츠키가 이끄는 오늘날 기회주의의 옹호자들이 그렇게 열렬히 얼버무리고 무시하려고 노력하는 사태의 본질을 폭로한다. 지배, 그리고 이와 결부된 폭력, 이러한 것이 "자본주의 발전의 최근 국면"에서 전형적인 관계이다. 이것은 전능한 경제적 독점체의 형성으로부터 불가피하게 야기될 수밖에 없고 실제 야기되어 온 결과이다.

나는 카르텔이 채택한 방법 중 하나를 더 사례로 들 것이다. 모든 원자재 공급원 혹은 주요 원자재 공급원을 손에 넣는 게 가능한 곳에서 카르텔의 등장과 독점체의 형성이 특히 손쉽게 일어난다. 그렇지만 원자재 공급원을 매점하는 것이 불가능한 다른 산업에서 독점체가 생겨나지 않을 것이라고 추정하는 것은 잘못된 일일 것이다. 가령 시멘트 산업은 아무 곳에서나 원자재를 구할 수 있다. 그러나 독일에서는 이 산업 역시 강력하게 카르텔화 되어 있다. 시멘트 제조업자들은 예컨대 남독일, 라인-베스트팔렌 등에서 지역 신디케이트들을 형성했다. 짬짜미한 가격이 독점가격이 된다. 그래서 비용가격이 180마르크일 때,

16 Kestner, 앞의 책, S. 254.

한 차당 230~280마르크로 판다! 기업들은 12퍼센트에서 16퍼센트에 이르는 배당금을 지불한다. 그리고 근대 투기의 "천재들"이 자신이 배당금으로 가져올 수 있는 것 말고도 큰 이윤을 호주머니에 채우는 방법을 알고 있음을 잊어서는 안 된다. 이런 수지맞는 산업에서 경쟁을 막기 위해, 독점자들은 심지어 다양한 계략에 의존한다. 그들은 자기 산업의 상황이 안 좋다고 거짓 소문을 퍼트린다. 다음과 같은 익명의 경고가 신문에 실린다. "자본가들이여, 당신의 자본을 시멘트 산업에 투자하지 말라!" 마지막으로 그들은 "외부자들"(신디케이트에 속하지 않는 기업들)을 매수하고, 이들에게 6만, 8만, 심지어 15만 마르크의 보상금을 지불한다.[17] 경쟁자들을 매수하기 위해 "적당한" 액수를 지불하는 것에서부터 경쟁자에게 다이너마이트를 사용하는 미국식 방식에 이르기까지, 독점은 어느 곳에서나 아무런 망설임 없이 모든 수단을 써서 자신의 길을 개척한다.

카르텔이 공황을 없앨 수 있다는 주장은, 어떠한 대가를 치루더라도 자본주의를 윤색하고자 하는 부르주아 경제학자들이 퍼트린 동화이다. 그와 반대로 **특정** 산업부문들에서 생겨난 독점은 자본주의 생산 **전체**에 내재한 무정부 상태를 증가시키고 격화시킨다. 자본주의의 일반적 특징인 농업 발전과 산업 발전 사이의 불일치가 증가한다. "독일 대은행과 산업의 관계"에 관한 최고의 저작 중 하나를 저술한 야이델스(Otto Jeidels)가 인정하듯이, 가장 고도로 카르텔화 된 이른바 **중**공업, 특히 석탄 산업과 철 산업의 특권적 지위는 다른 산업부문들에서

17 L. Eschwege, "Zement" in *Die Bank*, 1909, S. 115 이하 참고.

"한층 더 큰 조정의 부재"를 낳는다.[18]

뻔뻔한 자본주의 변호론자 리프만(Robert Liefmann)은 이렇게 썼다. "경제체제가 발전하면 할수록, 그것은 더욱더 위험한 기업이나 다른 나라의 기업에, 성장하는 데 매우 긴 시간이 걸리는 기업에, 혹은 결국 국지적 중요성밖에는 없는 기업에 의존하게 된다."[19] 위험의 증가는 결국 막대한 자본의 증가와 연결되고, 이 자본은 예컨대 그릇을 넘친 물처럼 해외로 흘러간다, 등등. 이와 동시에 극히 빠른 기술 진보 속도는 국민경제의 다양한 영역에서 불일치하는 요소들을 증가시키고, 무정부 상태, 공황을 일으킨다. 리프만은 다음을 인정하지 않을 수 없었다. "십중팔구 인류는 가까운 미래에 경제체제의 조직에도 영향을 끼칠 더욱 중요한 기술혁명들을 경험할 것이다." …… 전기와 항공 …… "일반적으로 이런 급진적 경제 변화의 시기들에는 투기가 대규모로 발전한다."[20]

모든 종류의 위기들—대개는 경제공황을 지칭하지만 반드시 그런 것은 아니다—은 매번 매우 현저하게 집적 및 독점 경향을 증가시킨다. 이것과 관련하여, 우리가 이미 살펴본 것과 같이 근대 독점의 역사에서 전환점을 이루는 1900년 공황의 의의에 관한 야이델스의 다음 의견은 매우 유익하다.

"기초산업들의 거대 공장 설비뿐 아니라, 1900년 공황 때에는 오늘날

18 Jeidels, *Das Verhältnis der deutschen Grossbanken zur Industrie mit besonderer Berüchsichtigung der Eisenindustrie*, Leipzig, 1905, S. 271.

19 Liefmann, *Beteiligungs - und Finanzierungsgesellschaften*, S. 434.

20 위의 책, S. 465~66.

진부한 것으로 여겨지는 방식으로 조직된 공장 설비들, '순수'(비결합) 공장 설비들이 여전히 많았다. 이 공장 설비들은 산업 호황기가 정점이었을 때 만들어진 것이다. 가격 하락과 수요 하락은 이 '순수' 기업들을 불안정한 위치로 내몰았지만, 거대 결합기업들에게는 전혀 영향을 주지 않거나 단지 매우 짧은 기간 동안만 영향을 주었다. 그 결과, 1900년 공황은 1873년 공황에 비해 더 큰 산업의 집적을 낳았다. 1873년 공황 때에도 가장 잘 준비된 기업들에 대한 일종의 선택이 일어났다. 그러나 당시의 기술 발전 수준 때문에 이 선택은 공황을 성공적으로 극복한 회사들을 독점 지위에 오르게 만들 수는 없었다. 그러한 영속적 독점은, 매우 복잡한 기술과 광범위한 조직, 자본 규모를 지닌 근대 철강·전기 산업의 거대 기업들 사이에서 높은 수준으로 존재하며, 엔지니어링 산업, 특정 야금업 분야, 운수업 등에서 다소 낮은 수준으로 존재한다."[21]

독점! 이것은 "자본주의 발전의 최근 국면"의 최종 단어이다. 그러나 만약 은행이 하는 역할을 고려하지 않는다면, 우리는 근대 독점체의 진정한 힘과 의의에 대해서 매우 불충분하고 불완전하고 빈약한 관념만을 갖게 될 것이다.

21 Jeidels, 앞의 책, S. 108.

제2장
은행과 그것의 새로운 역할

은행의 첫 번째 주요 기능은 지불 과정에서 중개인 역할을 하는 것이다. 이를 통해 은행은 유휴화폐자본을 활동자본, 다시 말해 이윤을 낳는 자본으로 전환한다. 은행은 모든 종류의 화폐 수입을 모아 자본가계급의 처분에 맡긴다.

은행업이 발전하여 소수의 기성 세력에게 집적됨에 따라, 은행은 대단찮은 중개인에서 강력한 독점체로 성장하여, 자본가와 소규모 사업가 전체가 가진 거의 모든 화폐자본뿐 아니라 어느 한 나라나 여러 나라의 생산수단 및 원자재 공급원의 상당 부분을 자신의 지배하에 둔다. 이렇게 수많은 대단찮은 중개인들이 한 줌의 독점자로 전환하는 것이 자본주의가 자본주의적 제국주의로 성장하는 데 근본적인 과정 가운데 하나이다. 이런 이유에서 우리는 무엇보다 은행업의 집적을 고찰해야 한다.

1907~08년에 각각 100만 마르크 이상 자본을 가진 독일 주식합명 은행들의 예금 총액은 70억 마르크에 달했다. 1912~13년, 이 예금액은 이미 98억 마르크로 5년 사이 40퍼센트가 증가했다. 그리고 증가액 28억

마르크 중 27억5천만 마르크가 1천만 마르크 이상 자본을 가진 57개 은행이 보유한 것이다. 대은행과 소은행 사이의 예금액 분포는 다음과 같다.[22]

예금 총액 백분율

단위: 퍼센트

	베를린 9대 거대 은행	천만 마르크 이상 자본을 보유한 48개 은행	백만에서 천만 마르크 자본을 보유한 115개 은행	자본을 백만 마르크 미만 보유한 소은행
1907~08년	47	32.5	16.5	4
1912~13년	49	36	12	3

대은행들이 소은행들을 몰아내고 있고, 이 중에서도 단 9개 은행이 자기 수중에 예금 총액의 절반 가까이를 집적하고 있다. 그러나 우리는, 가령 수많은 소은행이 사실상 대은행들의 지점으로 바뀌고 있는 것과 같은 매우 중요한 세부 사항들을 평가하지 않은 채 남겨두었다. 이에 대해서는 나중에 이야기할 것이다.

1913년 말, 슐체-개페르니츠(Gerhart von Schulze-Gaevernitz)는 100억 마르크가량의 예금 총액 중 베를린 9대 은행의 예금액이 51억 마르크라고 평가했다. 예금액뿐 아니라 은행자본 전체를 고려한 이 저자는 다음과 같이 썼다. “1909년 말, 베를린 9대 은행은 **그들의 계열 은행들까지 포함하여** 113억 마르크, 다시 말해 독일 전체 은행자본의 83퍼센트 가량을 지배했다. <도이체방크>는 **계열 은행들까지 포함하여** 거의 30억 마르크를 지배하며, 프로이센 국영 철도청과 더불어 구대륙에서

22 Alfred Lansburgh, “Fünf Jahre deutsches Bankwesen” in *Die Bank*, 1913, No. 8.

가장 크고 가장 분산된 자본축적을 대표한다."[23]

나는 "계열" 은행이란 언급을 강조했다. 그 이유는 그것이 근대 자본주의적 집적의 가장 두드러진 중요 특징 중 하나이기 때문이다. 대기업, 특히 대은행은 소기업을 완전히 흡수할 뿐 아니라 그것을 "병합"하고, 그것을 종속시키고, 회사 자본 중 "지분"을 인수하는 방법, 주식을 구입하거나 교환하는 방법, 신용 체계를 이용하는 방법 등등을 통해 "자기" 집단, 즉 (전문 용어를 쓰자면) "콘체른"으로 그것을 끌어들인다. 리프만 교수는 근대 "자본 참가 회사와 금융회사"를 묘사하는 500쪽 정도의 두꺼운 "저작"을 썼다.[24] 불행히도, 책에는 종종 소화되지 않은 원자료에 매우 미덥지 않은 "이론적" 고찰들이 덧붙어 있다. 이 "자본 참가" 체제가 집적과 관련하여 어떠한 결과물로 이어지는지는, 그 자신도 은행가인 리서(Jakob Riesser)가 쓴 독일 대은행들에 관한 책에서 가장 잘 묘사된다. 그러나 그의 자료를 검토하기 전에 "자본 참가" 체제의 구체적 사례를 인용하도록 하자.

<도이체방크> "그룹"은 가장 크지는 않지만, 거대한 대은행 집단 중 하나이다. 모든 은행들을 이 집단으로 연결시키는 중요한 실들을 추적하려면, 자본 참가에 따라 제1차, 제2차, 제3차로 구분해야 한다. 혹은 같은 의미지만, (<도이체방크>에 대한 더 작은 은행들의) 종속 수준에 따라 1차, 2차, 3차로 등급을 구분해야 한다. 그러고 나면 우리는 다음 표를

23 Schulze-Gaevernitz, "Die deutsche Kreditbank" in "*Grundriss der Sozialökonomik*", Tübingen, 1915, 137.

24 R. Liefmann, *Beteilgungs- und Finanzierungsgesellschaften. Eine Studie über den modernen Kapitalismus und das Effektenwesen*, I., Jena, 1909, 212.

얻는다.[25]

〈도이체방크〉의 자본 참가	직접적, 1차 종속	2차 종속	3차 종속
영구적 자본 참가	17개 은행	이들 중 9개가 34개 은행 지분 소유	이들 중 4개가 7개 은행 지분 소유
기한의 정함이 없는 기간 동안 자본 참가	5개 은행	—	—
일시적 자본 참가	8개 은행	이들 중 5개가 14개 은행 지분 소유	이들 중 2개가 2개 은행 지분 소유
계	30개 은행	이들 중 14개가 48개 은행 지분 소유	이들 중 6개가 9개 은행 지분 소유

<도이체방크>에 "일시"적으로 종속된 "1차" 은행 여덟 곳 중에는 외국 은행 세 곳도 포함되어 있다. 그중 하나는 오스트리아계(<빈은행연합>)이고 나머지 둘은 러시아계(<시베리아상업은행>과 <러시아대외무역은행>)이다. <도이체방크> 그룹은 직집적·간접적으로, 부분적·전체적으로, 도합 87개 은행으로 구성되어 있다. 그리고 전체 자본—자체 자본 및 그룹 지배하에 있는 다른 은행의 자본—이 20억에서 30억 마르크 정도가 되는 것으로 평가된다.

어떤 은행이 이러한 집단의 선두에 있고, 국채 유통과 같은 이례적으로 규모가 크고 수익이 나는 금융 업무를 수행하기 위해 자기보다 덩치가 약간 작은 다른 대여섯 개 은행과 협정을 맺는다. 그렇다면 그 은행은 이미 "중개인" 역할을 하기에는 너무 성장해 버린

25 Alfred Lansburgh, "Das Beteilgungssystem im deutschen Bankwesen", in *Die Bank*, 1910, 500.

것이고 한 줌 독점자들의 단체가 된 것이다.

20세기 전환기 독일에서 은행업의 집적이 얼마나 빨리 진행됐는지는 우리가 축약된 형태로 인용할 리서의 다음 자료를 통해 알 수 있다.

베를린 6대 은행

연도	독일 내 지점	예금은행 및 거래 사무소	독일주식합명은행에 대한 항상적 자본 참가	총 건물수
1895	16	14	1	42
1900	21	40	8	80
1911	104	276	63	450

우리는 나라 전체를 포괄하는 긴밀한 수로망이 급격하게 확대되는 것을 목격한다. 이것은 모든 자본과 모든 수익을 집중시키고, 흩어져 있는 수천·수만의 경제적 기업들을 단일한 국민적 자본주의 경제로, 그 후 세계 자본주의 경제로 전환한다. 오늘날 부르주아 정치경제학의 옹호자인 슐체-개페르니츠가 앞서 인용한 구절들에서 말한 "분산화"는, 실제로 이전에는 상대적으로 "독립"적이었던, 더 정확히 말하면 순전히 지역적이었던 경제단위들을 더욱더 단일한 중심에 종속시키는 것을 의미한다. 사실 그것은 **집중**이고, 독점적 거인들의 역할·중요성·권력의 증대이다.

자본주의가 더 오래된 국가들에서는 이 "은행망"이 훨씬 더 긴밀하다. 영국과 아일랜드의 경우, 1910년에 은행 지점이 총 7151개 있었다. 4대 은행이 각각 지점 400개 이상(447개에서 689개)을 보유했다. 그 다음 4개 은행이 각각 지점을 200개 이상을 보유했고, 그다음 11개 은행이 각각 지점 100개 이상을 보유했다.

프랑스의 경우, **3대** 거대 은행인, <크레디 리오네>와 <콩투아 나시오날>, <소시에테 제네랄>이 다음과 같은 방식으로 업무와 지점망을 확대했다.[26]

연도	지점과 사무소 수			자본(백만 프랑)	
	지방	파리	합계	자기 자본	자본으로 이용되는 예금액
1870	47	17	64	200	427
1890	192	66	258	265	1245
1909	1033	196	1229	887	4363

근대 대은행의 "연계"을 보여 주기 위해, 리서는 다음과 같이 독일을 넘어 세계적인 거대 은행 중 하나인 <디스콘토-게젤샤프트>(1914년에 3억 마르크 상당의 자본을 보유)가 발신하거나 수신한 편지의 양을 수치로 제시한다.

연도	수신한 편지	발신한 편지
1852	6135	6292
1870	85800	87513
1900	533102	626043

파리의 대은행 <크레디 리오네>의 예금계좌 수는 1875년 2만8535개에서 1912년 63만3539개로 증가했다.[27]

26 Eugen Kaufmann, *Das französische Bankwesen*, Tübingen, 1911, 356, 362.
27 Jean Lescure, *L'épargne en France*, Paris, 1914, p. 52.

어쩌면 이와 같은 단순한 수치들이 어떻게 자본의 집적과 은행 거래액의 성장이 급격하게 은행의 의미를 변화시키고 있는지를 장황한 논문들보다 더 잘 보여 준다고 하겠다. 흩어져 있던 자본가들이 단일한 집단적 자본가로 전환됐다. 몇 안 되는 자본가들의 당좌계정을 취급하던 시절, 은행은 이를테면 순전히 기술적이고 전적으로 보조적인 업무를 했다. 그렇지만 이런 업무가 매우 큰 규모로 성장했을 때, 우리는 한 줌의 독점자들이 상업적으로나 산업적으로나 자본주의사회 전체의 모든 업무를 자신의 의지에 종속시키는 것을 발견하게 된다. 그 이유는 이 독점자들이—은행 업무의 연계성, 당좌계정, 여타 금융 업무 등을 통해—우선 다양한 자본가들의 재정 상황을 **정확하게 파악할 수 있고**, 그 다음으로는 그들을 **통제할 수 있고**, 신용을 제한·확대·촉진·방해함으로써 그들에게 영향을 끼칠 수 있고, 마지막으로 그들의 운명을 **완전히 결정하고**, 그들의 소득을 결정하고, 그들로부터 자본을 박탈하거나 그들이 자사 자본을 급속하게 엄청난 규모로 증대시키도록 허용할 수 있기 때문이다.

조금 전 우리는 베를린에 있는 <디스콘토-게젤샤프트>의 자본이 3억 마르크라고 언급했다. 이 은행의 자본 증가는 베를린에서 가장 큰 양대 은행—<도이체방크>와 <디스콘토-게젤샤프트>—사이의 패권 투쟁에서 발생한 부수적 사건들 중 하나였다. 1870년 전자는 아직 신참이었고 단지 자본 1500만 마르크를 보유했다. 반면 후자는 자본 3천만 마르크를 보유했다. 1908년 전자는 자본 2억 마르크를 보유했고, 후자는 자본 1억7천만 마르크를 보유했다. 1914년 전자는 자사 자본을 2억5천만 마르크로 증가시켰다. 그리고 후자는 다른 일류 대은행인 <샤프하우젠은행연합>과 합병하여 자사 자본을 3억 마르크로 증가시켰다. 물론 이 패권 투쟁은 두 은행 사이에서 "협정들"이 더욱더 빈번하게 체결되고 갈수록 견고해지는 것과 함께 갔다. 이러한 발전은 가장 온건하고 신중한 부르주아 개량주의의 테두리를 조금도 벗어나려 하지 않는 입장을 가지고 경제문제를 바라보는 은행 전문가들로 하여금 이런 결론을 내리지 않을 수 없게 만든다.

독일의 평론지 『은행(Die Bank)』은 <디스콘토-게젤샤프트>의 자본이 3억 마르크로 증가한 것에 대해 논평하면서 다음과 같이 썼다. "다른 은행들이 이와 동일한 길을 걸을 것이고, 현재 독일 경제를 지배하는 300명은 장차 50명, 25명, 혹은 그보다 더 적은 수로 점점 줄어들 것이다. 이러한 최근의 집적을 향한 운동이 은행업에 한정될 것이라고 기대하기는 어렵다. 개별 은행들 사이에 존재하는 긴밀한 관계들은 자연스레 이런 은행들이 선호하는 산업 신디케이트들의 결합으로 나아갈 것이다. …… 어느 화창한 아침, 우리는 잠자리에서 일어났다가, 놀랍게도 눈앞에 트러스트들 말고는 아무 것도 없는 상황을 접하게 될 것이고, 사적 독점체들이 국가 독점체들로 대체되어야 하는 필연적 상황에 직면해 있음을 알게 될 것이다. 그렇지만 우리가 사물로 하여금 그것의 고유한 행로를 따르게 했고 주식 조작이 그것을 약간 가속시켰을 뿐이라는 점 외에는, 우리 스스로를 비난할 이유가 전혀 없다."[28]

이것은 부르주아 과학과는 다른 부르주아 언론의 무기력한 사례이다. 오직 이 점과 관련하여 부르주아 과학은 그다지 진실하지 않으며,

28 A. Lansburgh, "Die Bank mit den 300 Millionen" in *Die Bank*, 1914, p. 426.

사태의 본질을 흐리기 위해 나무 이면에 있는 숲을 숨기려고 애쓴다. 집적의 여러 결과에 "놀라는 것", 자본주의 독일 정부나 자본주의 "사회"("우리 스스로")를 "비난하는 것", 트러스트와 달리 카르텔은 기술 및 경제 진보를 지나치게 가속하지 않을 수 있다는 이유로 미국의 트러스트를 두려워하고 독일의 카르텔을 "선호"했던 독일의 "카르텔" 전문가 치르슈키 식으로 집적을 "가속"할 수 있는 증권·주식의 도입을 두려워하는 것[29]—이 모든 것이 무기력함의 신호가 아니라면 무엇이겠는가?

그러나 사실은 사실로서 남는다. 독일에는 트러스트가 존재하지 않고 "오직" 카르텔만 존재한다—그러나 독일은 300명도 되지 않는 거물 자본가들이 **지배**하고, 이 숫자는 계속해서 줄어들고 있다. 이 모든 사건에서 은행은 모든 나라에서, 각국 은행 관련 법률의 차이점에도 불구하고, 자본의 집적 과정과 독점체의 형성을 엄청나게 격화하고 가속시킨다.

마르크스는 반세기 전 『자본론』에서, 은행 제도는 "비록 형태뿐이지만, 사실상 사회적 규모에서 일어나는 생산수단에 대한 보편적 부기 및 분배 형태를 띠고 있다."고 썼다(러시아판, 3권, 2편, 144쪽). 우리가 은행자본의 성장, 거대 은행들의 지점·사무소 수 증가, 거대 은행들의 예금계좌 수 증가 등에 관해 인용했던 수치들은 이런 **전체** 자본가계급의 "보편적 부기"에 관한 구체적 그림을 제공한다. 그리고 여기에는 자본가만 들어가는 게 아니다. 은행은 비록 일시적이긴 하지만—소사업가, 사무직원, 노동자계급의 보잘 것 없는 상층에서—모든 종류의 화폐 수익을

29 S. Tschierschky, 앞의 책, 128.

끌어 모은다. "생산수단의 보편적 분배"—그 형태는 근대 은행들로부터 **성장**한 것이다. 프랑스에서는 3개에서 6개 정도, 독일에서는 6개에서 8개 정도 되는 이 은행들이 수십억의 돈을 지배한다. 그렇지만 생산수단의 분배는 **본질적으로** 전혀 "보편적"이지 않고 사적이다. 다시 말해 그것은 대자본의 이해, 주되게는 거대 독점자본의 이해를 따른다. 그것이 활동하는 조건은 이렇다. 즉 대중이 결핍 속에서 살아가고 농업의 발전이 산업의 발전에 절망적으로 뒤처졌으며 산업 자체 안에서는 "중공업"이 다른 모든 산업부문으로부터 공물을 거둬들인다.

사회화된 자본주의경제와 관련하여, 저축은행과 우체국이 은행과 경쟁하기 시작한다. 그것들은 더 많이 "분산되어" 있다. 다시 말해 그것들의 영향력은 더욱 많은 지역에까지, 더 먼 장소에까지, 인구의 더 많은 부문에까지 뻗어 있다. 다음 표는 미국의 한 위원회가 수집한 은행 및 저축은행의 예금액 성장 비교 자료이다.[30]

예금액

단위: 10억 마르크

	영국		프랑스		독일		
연도	은행	저축은행	은행	저축은행	은행	신용협회	저축은행
1880	8.4	1.6	?	0.9	0.5	0.4	2.6
1888	12.4	2.0	1.5	2.1	1.1	0.4	4.5
1908	23.2	4.2	3.7	4.2	7.1	2.2	13.9

30 *Statistics of the National Monetary Commission*, *Die Bank*에서 인용, 1910, S. 1200.

은행이 예금에 대해 4퍼센트와 4.25퍼센트의 금리로 이자를 지불하기 때문에, 저축은행은 자사 자본을 위한 "수익성 있는" 투자를 모색해야 하고, 어음, 담보 등을 취급해야 한다. 은행과 저축은행 사이의 경계는 "점점 더 희미해지고 있다." 이를테면 보훔과 프랑크푸르트의 상업회의소는 저축은행이 어음 할인과 같은 "순수한" 은행 거래에 종사하지 못하도록 "금지"해야 한다고 요구했다. 상업회의소는 우체국의 "은행" 업무를 규제해 달라고 요구했다.[31] 은행계 거물들은 국가 독점이 예기치 않는 방향에서 그들에게 엄습해 올까 봐 두려워하는 것으로 보인다. 그렇지만 이 말을 하지 않을 수 없다. 이 두려움은 말하자면 같은 사무실에서 일하는 두 사람의 부서 관리자 사이의 경쟁이 표현된 것에 다름 아니다. 한편으로 결국 저축은행에 맡겨 놓은 수십억을 사실상 지배하는 것은 **바로 이** 은행자본의 거물들이기 때문이며, 다른 한편으로 자본주의사회에서 국가 독점이란 단지 파산에 직면한 일부 산업부문 백만장자들의 소득을 증대시켜 주고 보장해 주는 수단이기 때문이다.

자유경쟁이 우세했던 과거 형태의 자본주의에서 독점이 군림하는 새로운 자본주의로 변화한 것은 다른 무엇보다 증권거래소의 중요성 감소로 표현된다. 평론지 『은행』은 이렇게 쓴다. "증권거래소는 과거에 수행했던 필수적인 유통 매개 역할을 진작 그만뒀다. 당시 은행은 아직 고객들의 대규모 신규 증권 발행을 처리할 수 없었다."[32]

"'모든 은행은 증권거래소다.' 그리고 은행이 커지면 커질수록,

31 *Die Bank*, 1913, S. 811.

32 *Die Bank*, 1914, S. 316.

은행의 집적이 성공적이면 성공적일수록 이 최신 격언은 더욱 진실로 들린다."[33] "과거 70년대 젊음의 풍성함으로 넘쳤던 증권거래소는"(1873년 증권거래소 붕괴와 창업 스캔들 등에 대한 "미묘한" 암시) "독일에서 산업화 시대를 개막했던 반면, 오늘날에는 은행과 산업이 '그것을 자체적으로 운영'할 수 있다. 증권거래소에 대한 우리 거대 은행들의 지배는 …… 완벽하게 조직된 독일 산업국가를 표현하는 것에 불과하다. 만약 그로 인해 자율적으로 기능하는 경제 법칙의 영역이 제한되고 은행의 의식적 규제 영역이 상당히 확대된다면, 소수 우두머리들이 국민경제에 대해 지는 책임성은 막대하게 증가한다." 독일 제국주의의 변호론자 독일 교수 슐체-개페르니츠가 쓴 글이다.[34] 그는 모든 나라의 제국주의자들에게 권위자로 간주되고, 은행이 경제생활에 대해 행하는 "의식적 규제"가 "완벽하게 조직된" 한 줌의 독점자들이 대중을 약탈하는 데 있다는 사실을 "단지 사소한 사항"이라고 둘러대는 사람이다. 이런 부르주아 교수의 임무는 전체 구조를 까발리거나 은행 독점자들의 모든 간계를 폭로하는 것이 아니라 그것을 호의적으로 묘사하는 것이다.

마찬가지로 훨씬 더 권위 있는 경제학자이자 은행가인 리서는 부정할 수 없는 사실을 설명하기 위해 무의미한 문구들로 옮아갔다. "…… 증권거래소는 꾸준히 국민경제 전체와 특히 증권의 유통을 위해 절대적으로 필요한 특징—가장 정확한 측량자이자 자신에게로 수렴되는

33 Dr. Oscar Stillich, *Geld- und Bankwesen*, Berlin, 1907, S. 169.

34 Schulze-Gaevernitz, "Die deutsche Kreditbank" in *Grundriss der Sozialökonomik*, Tübingen, 1915, S. 101.

경제운동의 거의 자동적인 규제자—을 상실하고 있다."[35]

다른 말로 말하면, 과거의 자본주의, 증권거래소를 자신의 필수불가결한 규제자로 지녔던 자유경쟁 자본주의는 소멸하고 있다. 새로운 자본주의가 그 자리를 차지하게 됐다. 그것은 자유경쟁과 독점의 혼합물이라는 뭔가 일시적인 특징을 명백하게 지닌다. 자연스레 다음의 질문이 제기된다. 이 새로운 자본주의는 **무엇으로** "발전하고" 있는가? 그러나 부르주아 학자들은 이 질문을 제기하기를 두려워한다.

"30년 전, 서로 자유롭게 경쟁하는 사업가들은 육체노동을 뺀 자기 사업과 연관된 노동의 10분의 9를 수행했다. 현재, 이 '두뇌노동'의 10분의 9가 **고용자**에 의해 수행된다. 은행은 이러한 진화의 최전선에 있다."[36] 슐체-개페르니츠가 이렇게 인정한 사실은 우리에게 다시 한 번 다음의 질문을 제기한다. 이 새로운 자본주의, 즉 제국주의 단계의 자본주의는 무엇으로 발전하고 있는가?

집적 과정의 결과로서 모든 자본주의 경제의 우두머리로 존재하는 소수의 은행들 사이에서, 독점적 협정과 **은행 트러스트**를 향한 경향이 두드러지게 증가하고 있음이 자연스레 관찰된다. 미국의 경우 9개가 아닌 매우 큰 **2대** 은행, 즉 억만장자 록펠러와 모건의 은행이 자본 110억 마르크를 지배한다.[37] 독일의 경우 내가 앞서 언급했던 <디스콘토-게젤샤프트>의 <샤프하우젠은행연합> 흡수에 대해 증권거래소 종사자들의 기관지인 「프랑크푸르트 신문(Frankfurter Zeitung)」은 다음과

35 Riesser, 앞의 책, 4th ed., S. 629.

36 Schulze-Gaevernitz, "Die deutsche Kreditbank" in *Grundriss der Sozialökonomik*, Tübingen, 1915, S. 151.

37 *Die Bank*, 1912, S. 435.

같은 말로 논평했다.

"은행의 집적 운동은 신용을 제공할 수 있는 기성 집단 수를 줄이고 있으며, 결과적으로 대산업을 소수 은행 집단들에 점점 더 종속시키고 있다. 산업계와 금융계 사이의 긴밀한 연계를 두고 볼 때, 은행자본을 필요로 하는 산업 회사들의 자유로운 운신은 제한된다. 이런 연유에서 대산업은 은행이 점차 트러스트화 하는 것을 복잡한 심경으로 지켜보고 있는 것이다. 실제로 우리는 각각의 거대 은행 콘체른들이 서로 어떤 협정을 맺기 시작하는 것을 반복해서 보아 왔다. 이것은 경쟁 제한을 목적으로 한다."[38]

누차 말하지만, 은행업 발전의 최종 단어는 독점이다.

은행과 산업 사이의 긴밀한 연관과 관련하여, 은행의 새로운 역할을 어쩌면 가장 현저하게 느낄 수 있는 곳이 바로 이 영역이다. 은행이 기업 어음을 할인하고 당좌계정을 개설하는 등의 업무를 할 때, 이 각각의 업무들은 기업의 독립성을 조금도 감소시키지 않으며, 은행은 다름 아닌 대단찮은 중개인 역할을 하는 것이다. 그러나 그런 업무들이 증가하고 상시적 관행이 될 때, 은행이 자기 수중에 막대한 양의 자본을 "모집"할 때, 특정 기업의 당좌계정 관리가 은행으로 하여금 고객의 경제적 상태에 관해 보다 풍부하고 구체적인 정보를 확보할 수 있게 해 줄 때—그리고 이것은 실제로 일어나는 일이다—그 결과는 다음과 같다. 즉 산업자본가는 더욱 완전히 은행에 종속 당하게 된다.

이와 동시에, 은행과 거대 산업·상업 기업 사이에 인적 결합이 확립된다. 이것은 이를테면 주식 소유를 통해, 또 은행 이사들이

38 Schulze-Gaevernitz, 앞의 책, S. 155에서 인용함.

산업·상업 기업들의 감독이사회 (혹은 경영이사회)에 임명되는 방법 혹은 그 반대의 방법을 통해 상호 융합되는 것을 뜻한다. 독일 경제학자 야이델스는 이러한 자본과 기업의 집적 형태에 대한 가장 구체적인 자료를 수집했다. 베를린 거대 은행 여섯 곳은 **344개** 기업에서 자사 이사를 통해, 다른 **407개** 기업에서 경영이사회 내 자사 측 임원을 통해 대표되었다. 그 수는 도합 **751개** 기업이다. 그중 이 은행들이 감독이사회에 대표를 2명이나 두거나 의장직을 맡은 기업도 **289개**나 됐다. 우리는 보험, 운수, 요식, 극장, 예술 등 극히 다양한 산업부문들에서 이런 산업·상업 기업들을 발견하게 된다. 다른 한편으로 이 6대 은행의 감독이사회에는 <크루프>와 거대 기선회사 "하파그"(<함부르크-아메리카 노선>) 등의 이사를 포함해 거대 산업가 51명이 들어와 있다. 1895년부터 1910년까지 이 6대 은행은 각각 수백 개 산업 회사(그 수는 281개에서 419개까지 이른다.)의 주식 및 채권 발행에 참여했다.[39]

은행과 산업 사이의 "인적 결합"을 이 둘과 정부 사이의 "인적 결합"이 보완한다. 야이델스에 따르면, "감독이사회의 자리는 전직 공무원뿐 아니라 굉장한 직함을 가진 사람들에게 무상으로 제공되며, 이 사람들은 관계 당국과의 관계를 용이하게(!!) 만드는 데 큰 기여를 할 수 있다." …… "대개 대은행의 감독이사회에는 의원이나 베를린 시의원이 한 명씩은 꼭 있다."

따라서 자본주의 대독점체의 형성과 발전은 이를테면 모든 "자연적", "초자연적" 방식을 동원하여 전속력으로 진행되고 있다. 일종의 체계적

39 Jeidels, 앞의 책; Riesser, 앞의 책.

노동 분업이 근대 자본주의사회를 지배하고 있는 금융왕 수백 명 사이에 존재한다.

"특정 대산업가들의 활동 영역이 확장되고[은행 경영이사회 임원 등] 일정한 산업 지역들을 지방 은행 경영자들에게 할당하는 동시에, 대은행 이사들 사이에 전문화가 증대한다. 일반적으로 말하자면, 이 전문화는 은행업이 대규모로 운영되고, 특히 산업과 광범위하게 연결될 때에만 생각할 수 있는 것이다. 노동 분업은 두 방향을 따라 일어난다. 한편으로 산업 전체와의 관계가 한 이사에게 전문적 임무로 위임된다. 다른 한편으로 이사들이 각자 몇 개의 개별 기업을 감독하거나 혹은 같은 산업 부분이나 비슷한 이해를 가진 일군의 기업들을 감독한다. …… [자본주의는 이미 개별 기업들을 조직적으로 감독하는 단계에 도달했다.] 한 사람은 독일 산업, 경우에 따라 독일 서부 지역 산업만 전문적으로 다룬다. [서부 지역은 독일에서 가장 산업화된 지역이다.] 다른 사람은 대외무역 및 해외 산업 관련 업무, 산업가 등의 성향 정보, 주식 거래 문제 따위를 전문적으로 다룬다. 게다가 은행 이사가 종종 특정 산업 지역이나 특정 산업부문에 할당되기도 한다. 즉 한 사람은 주로 전기회사의 감독이사회에서 활동한다. 다른 사람은 화학·양조·첨채당 공장에서, 또 다른 사람은 몇몇 개별 산업체에서 활동하는 동시에 보험회사의 감독이사회에서 활동한다. …… 요컨대 대은행의 업무 규모 및 다각성 증가가 은행 이사들 사이의 노동 분업 증가와 함께 간다는 점은 의심의 여지가 없다. 그것의 목적(과 결과)은 이를테면 그들을 순수 은행업에서 벗어나 어느 정도 높은 지위로 끌어 올리는 것이고, 그들을 보다 훌륭한 전문가로, 산업의 일반적 문제들 및 각 산업부문의 특수한 문제들에 대해서 보다 훌륭한 심판자로 만드는 것이며, 그로써 각자의 은행이 산업에서 차지하는 영향권 안에서 그들을 보다 유능하게 활동할 수 있게 만드는 것이다. 이 체제에 은행이 산업 업무의 전문가를, 가령 산업가, 전직 관리, 특히 과거 철도나 광산에서 일했던 인사를 자기 감독이사회에 선출하려는 노력이 추가된다." 등등.[40]

우리는 프랑스의 은행업이 형태만 조금 다를 뿐 동일한 체제임을 발견한다. 가령 프랑스에서 가장 큰 3대 은행 중 하나인 <크레디 리오네>는 <금융조사국>을 설립했고, 이곳에 공학자, 통계학자, 경제학자, 변호사 등 50명을 종신 고용하고 있다. 이곳은 연간 60~70만 프랑을 쓴다. 이 조사국은 8개 부서로 나눠져 있다. 한 부서는 산업 기관에 대한 정보를 전문적으로 수집한다. 두 번째 부서는 일반 통계를 연구한다. 세 번째 부서는 철도와 증기선 회사를, 네 번째 부서는 증권업을, 다섯 번째 부서는 금융 보고서를 담당한다, 등등.[41]

한편, 그 결과로 은행과 산업자본이 더욱더 합병, 혹은 부하린(Nikolai Ivanovich Bukharin)이 적절히 명명한 용어를 쓰자면, 유착하는 일이 발생한다. 그리고 다른 한편, 은행이 진정 "보편적 성격"을 지닌 기관으로 성장한다. 이 문제와 관련하여 나는 야이델스가 사용한 정확한 용어를 인용할 필요가 있음을 알게 됐다. 그는 이 주제를 가장 잘 연구해 온 사람이다.

"산업 관계 전체를 고찰하면 산업을 위해 활동하는 금융기관의 보편적 **성격**이 드러난다. 다른 은행들과 달리, 그리고 때때로 문헌에서 표현되는 바 은행이 자기 발아래 있는 영토를 놓치지 않으려면 한

40 Jeidels, 앞의 책, S 156~57.

41 Eug. Kaufmann이 쓴 프랑스 은행에 대한 논설. *Die Bank*, 1909, 2, S 851. 이하 참조.

사업이나 한 산업부문에만 전문적으로 종사해야 한다는 식의 요구와 달리, 대은행들은 지역이나 산업부문을 불문하고 가능한 한 다양하게 산업체들과 연관을 맺고자 노력하고 있고, 산업체들의 역사적 발전에서 비롯된 지역 및 산업부문 사이의 불균등한 자본 분배를 제거하고자 노력하고 있다." "산업 전체와 연관을 맺으려는 경향이 하나 있다. 또 다른 경향은 이 연관을 견고하고 긴밀하게 만드는 것이다. 6대 은행에서 이 두 가지 경향들은 완전히는 아니지만, 상당한 정도로, 그리고 동등하게 실현된다."

산업계와 상업계는 매우 자주 은행의 "테러리즘"을 불평한다. 그리고 다음에서 볼 사례에서처럼, 대은행들이 "명령"을 하는 게 사실이기 때문에 이러한 불평이 들리는 것은 놀랄 일이 아니다. 1901년 11월 19일, 이른바 베를린의 거대 "D" 은행 중 한 곳(4대 은행의 이름이 모두 알파벳 D로 시작한다.)은 <독일 중부 북서 시멘트 신디케이트>의 이사회에 이런 편지를 썼다. "우리는 귀사가 이번 달 18일 한 신문에 게재한 공고를 알게 됐고, 이번 달 30일에 개최되는 귀 신디케이트 차기 총회가 우리로서는 받아들일 수 없는 귀사의 변화를 초래할 조처들을 결정할 가능성을 고려해야만 합니다. 우리는 이러한 이유에서 차후 지금까지 귀사에 제공된 신용을 회수하지 않을 수 없게 되어 크게 유감으로 생각합니다. …… 그러나 이야기한 차기 총회가 우리로서는 받아들일 수 없는 조처들을 결정하지 않는다면, 그리고 우리가 향후 이 문제에 대해 적절히 보장을 받는다면, 우리는 귀사와 새로운 신용 승인에 대한 협상을 시작할 용의가 있습니다."[42]

42 Dr. Oscar Stillich, *Geld- und Bankwesen*, Berlin, 1907, S. 147.

사실 이것은 대자본에 의해 억압받는 소자본의 오랜 불평이다. 그러나 이 경우 바로 신디케이트 전체가 "소"자본의 범주에 들어가 있는 것이다! 새롭고 헤아릴 수 없을 정도로 더 높은 발전 단계에 이르러 소자본과 대자본 사이의 오랜 투쟁이 다시 시작되고 있다. 수십억의 가치를 가진 대은행들은 과거의 기업들과는 도저히 비교할 수 없는 수단을 이용해 기술 진보를 가속화할 수 있다. 예를 들어 은행은 특수한 기술연구단체들을 설립한다. 물론 오직 "우호적인" 산업체들만 이 연구의 혜택을 받는다. <전기철도연구협회>, <중앙과학기술연구국> 등이 이 범주에 속한다.

대은행의 이사들 자체가 국민경제의 새로운 조건들이 창출됐음을 분명히 알고 있다. 그러나 이들은 이런 현상들 앞에 무력할 뿐이다.

야이델스는 이렇게 쓴다. "최근 몇 년 동안 대은행의 중역 및 감독이사회 임원 변동을 목격해 온 사람이라면 다음 사실을 분명히 주목해 왔을 것이다. 즉 산업의 전반적 발전에 대한 대은행의 적극적 개입이 필연적이고 점점 중요해진다고 보는 사람들의 수중에 권력이 점차 넘어가고 있다. 이 새로운 인물들과 기존 은행 이사들 사이에, 이 주제를 둘러싸고 사업적, 그리고 종종 개인적 불화가 증가하고 있다. 신용기관인 은행이 이런 식의 산업 개입을 계속해야 할 것인가, 그리고 신용을 제공하는 중개인이라는 자기 역할과 아무런 공통점이 없는 활동 영역에 진출하기 위해 은행이 확실한 원칙과 보증된 이윤을 희생시키고 있는 것은 아닌가 하는 점이 쟁점이다. 그런데 이 활동 영역은 은행들을 이전보다 훨씬 더 산업 변동의 맹목적 힘들에 노출되도록 만드는 곳으로 끌고 가고 있다. 이것은 기존 은행 이사들 다수의 의견이다. 반면 대부분의 젊은 사람들은 적극적 산업 개입을, 근대 대산업과 동시에 대은행 및 근대 산업적 은행업이 등장하게 된 것만큼이나 필연적인 것이라고 생각한다. 쌍방은 오직 다음의 한 가지 점에 대해 동의한다. 즉 대은행의 새로운 활동에는 확고한 원칙도 구체적 목적도 없다."[43]

과거의 자본주의는 시대에 뒤떨어진 것이 됐다. 새로운 자본주의는 무언가로의 이행을 의미한다. 독점을 자유경쟁과 "화해"시키려는 목적에서 "확고한 원칙과 구체적 목적"을 찾는 것은 당연히 의미없는 짓이다. 실천적인 사람들이 시인하는 내용은 자본주의 변호론자인 슐체-개페르니츠, 리프만 및 동류 "이론가들"이 읊조리는 "조직된" 자본주의라는 주문에 대한 공식적 찬사와는 사뭇 다른 소리를 내고 있다.

정확히 어느 시기에 대은행의 "새로운 활동"이 최종 확립됐는가? 야이델스는 이 중요한 문제에 대해 우리에게 상당히 정확한 답변을 제공한다.

"새로운 내용, 새로운 형태, 새로운 조직을 지닌 은행과 산업체 사이의 연관, 다시 말해 중앙집중적이면서도 분산적인 토대 위에서 조직된 대은행들은 90년대 이전까지는 그다지 특징적 경제 현상이 아니었다. 확실히 어떤 의미에서 그 최초 일자는 1897년까지로 거슬러 갈 수 있다. 당시 중요한 합병들이 일어났고 최초로 새로운 형태의 분산적 조직이 은행의 산업 정책에 맞추어 도입됐다. 이 출발점을 어쩌면 훨씬 훗날로 잡을 수도 있다. 산업 및 은행업의 집적 과정을 엄청나게 가속·격화시키고, 그 과정을 견고하게 만들고, 처음으로

43 Jeidels, 앞의 책, S. 183~84.

산업과의 연관을 대은행의 실질적 독점으로 전환시키고, 이 연관을 훨씬 더 긴밀하고 훨씬 더 적극적인 것으로 만든 게 바로 1900년 공황이기 때문이다."[44]

따라서 20세기는 과거의 자본주의가 새로운 자본주의로, 자본 일반의 지배에서 금융자본의 지배로 바뀌는 전환점을 이룬다.

44 위의 책, S. 181.

제3장 금융자본과 금융과두제

힐퍼딩은 이렇게 썼다. "산업에 존재하는 자본 중 더 이상 그것을 사용하는 산업가들 것이 아닌 비율이 갈수록 더 증대된다. 산업가들은 오직 은행을 매개로 할 때에만 이 자본을 사용할 수 있고, 은행은 산업가들과의 관계에서 자본의 소유자가 된다. 다른 한편으로, 은행은 점점 자체 재원에서 더 많은 몫을 산업에 투입한다. 그 결과 이전보다 더 큰 정도로 은행가가 산업자본가로 전환되고 있다. 이 은행자본, 다시 말해 화폐 형태의 자본은 따라서 사실상 산업자본으로 전환되는데, 나는 이것을 '금융자본'이라 부른다." "금융자본은 은행이 통제하고 산업가가 사용하는 자본이다."[45]

이 정의는 그것이 한 가지 극히 중요한 사실—즉 집적이 독점으로 이어지고 있고 이제껏 이어져 왔을 정도로 생산 및 자본의 집적이 증가했다는 점—에 침묵하는 한 불완전한 것이다. 그러나 힐퍼딩은 그의 저작 전체에 걸쳐, 특히 이런 정의를 내리는 장에 앞서 있는 두 장에서, **자본주의적 독점체들**이 행하는 역할을 강조한다.

45 R. Hilferding, *Finance Capital*, Moscow, 1912 (in Russian), pp. 338~39.

생산의 집적, 그로부터 발생하는 독점체들, 은행의 산업과의 합병 혹은 유착—이것이 금융자본 등장의 역사이고, 이것이 이 개념의 내용이다.

우리는 이제 상품 생산 및 사적 소유의 일반적 조건들 아래서 어떻게 자본주의적 독점체의 "기업 활동"이 불가피하게 금융과두제의 지배로 이어지는지 묘사해야 한다. 리서, 슐체-개페르니츠, 리프만 등과 같은 독일인 부르주아 학자들—물론 독일인만 있는 것은 아니다—은 모두 제국주의와 금융자본의 변호론자라는 점을 언급해야 한다. 과두제의 형성 "기제", 방식, "양성적·음성적" 수입 규모, 의회와의 관계 등등을 들추어내는 대신, 그들은 이런 것들을 감추거나 얼버무린다. 그들은 과장되고 애매한 문구들과 은행 이사들의 "책임감"에 대한 호소로 프로이센 관리들의 "의무감"을 칭찬함으로써, 의회가 내놓은 완전히 우스꽝스러운 독점체 "감독"·"규제" 법안들의 사소한 세부 사항들을 심각하게 연구함으로써, 이론을 가지고 장난질을 침으로써 이런 "난처한 문제들"을 회피한다. 이러한 장난질의 예로 리프만 교수가 도달한 다음의 "학문적" 정의를 들 수 있다. 즉 "**상업**은 **재화의 수집·저장·공급을 목적으로 하는 하나의 직업이다**."[46] (진한 색깔의 강조체는 교수의 작품이다.) 이런 식이라면, 상업은 교환에 관해 아무 것도 몰랐을 원시인이 살던 시대부터 존재했고, 사회주의에서도 계속 존재하리라는 결론이 나온다!

그러나 금융과두제의 가공할 지배와 관련된 가공할 사실들은 매우 명확해서, 미국, 프랑스, 독일 등 모든 자본주의국가에서 온갖 문헌들이 등장했다. 그것들은 **부르주아** 관점에서 쓰였지만, 상당히 진실된 묘사와

46 R. Liefmann, 앞의 책, S. 476.

금융과두제에 대한—당연히 소부르주아적인—비판을 제공한다.

앞서 이미 짧게 언급했듯이, "자본 참가 체제"가 가장 중요하다. 어쩌면 이 문제에 대해 최초로 주의를 환기한 인물인 독일 경제학자 하이만은 이것의 본질을 다음과 같은 방식으로 묘사한다.

"콘체른의 수뇌부가 지배 기업(문자 그대로 "모회사")을 지배한다. 후자가 종속 기업들("자회사") 위에 군림한다. 종속 기업도 또한 훨씬 종속적인 다른 기업들("손자회사")을 지배한다, 등등. 이런 방식으로 상대적으로 작은 자본을 가지고 막대한 생산 영역들을 지배하는 게 가능하다. 실제로 한 회사를 지배하는 데 언제나 50퍼센트의 자본을 보유하는 것만으로도 충분하다면, 콘체른의 수뇌부에게는 2차 종속 기업들의 800만을 지배하는데 단지 100만이 필요할 뿐이다. 그리고 만약 이런 '맞물림'이 확장된다면, 100만으로 1600만, 3200만 등등을 지배하는 게 가능하다."[47]

사실 경험상 보면, 한 회사에 업무를 지시하기 위해서는, 그 회사의 지분 중 40퍼센트만 소유하면 충분하다.[48] 관행상 일정 수의 소규모로 분산된 주주들은 자신이 주주총회 등에 참석하는 게 불가능하다는 것을 알기 때문이다. 부르주아 궤변가들과 기회주의적인 이른바 "사회민주주의자들"은 주식 소유의 "민주화"가 "자본의 민주화"와 소규모 생산의 역할·중요성 강화 따위를 가져올 것이라고 기대한다. 그러나 그것은 사실상 금융과두제의 힘을 증가시키는 방법들 중 하나이다. 첨언하자면 보다 선진적인 자본주의국가들, 즉 더 오래 되고

47 Hans Gideon Heymann, *Die gemischten Werke im deutschen Grosseisengewerbe*, Stuttgart, 1904, S. 268~69.

48 Liefmann, *Beteiligungsgesellschaften*, etc., 제1판, S. 258.

"경험이 많은" 자본주의국가들이 법률로 소액 주식 발행을 허용하는 것은 이런 이유 때문이다. 독일에서는 법률로 1천 마르크보다 낮은 액면가의 주식 발행을 허용하지 않는다. 그래서 독일 금융 거물들은 영국을 부러운 눈으로 쳐다본다. 영국에서는 1파운드(=20마르크, 약 10루블) 주식의 발행이 허용되기 때문이다. 독일에서 가장 큰 산업가들과 "금융왕들" 중 한 사람인 지멘스는 1900년 6월 7일 제국의회에서 "1파운드 주식은 영국 제국주의의 토대이다."라고 말했다.[49] 이 상인은, 러시아 마르크스주의의 창립자 가운데 한 사람이었고 제국주의가 어느 특정 민족의 나쁜 버릇이라고 믿는 보기 추한 어떤 저술가보다 제국주의를 훨씬 더 깊이 있고 더 "마르크스주의적"으로 이해하고 있다.

그러나 "자본 참가 체제"는 독점자들의 권력을 막대하게 증가시키는 데에만 봉사하는 것이 아니다. 그것은 또한 그들로 하여금 스스럼없이 공중을 속이는 뒤가 구리고 더러운 온갖 속임수들에 의지할 수 있게 해 준다. 왜냐하면 형식적으로 "모회사"의 이사들은 "독자 기업"으로 여겨지는 "자회사"에 대해 법적 책임을 지지 않기 때문이다. 그리고 그들은 자회사를 **매개로 무엇이든지** "얻어"낼 수 있다. 여기 1914년 5월 독일 평론지 『은행』에서 가져온 사례가 있다.

"<카셀 스프링철강회사>는 몇 해 전만 해도 독일에서 수익을 가장 많이 내는 기업들 중 하나로 여겨졌다. 잘못된 경영으로 인해 이 회사의 배당금이 15퍼센트에서 0퍼센트로 떨어졌다. 이사회가 주주들과 협의 없이 '자회사들' 중 한 곳으로, 공칭자본금이 단지 수십만 마르크에 불과한 <하시아 회사>에게 **600만 마르크**를 대부했던 것으로

49 Schulze-Gaevernitz in *Grundriss der Sozialökonomik*, V, 2, S. 110.

밝혀졌다. 이 대부 계약은 '모회사' 자본의 거의 3배에 달하는 것으로 평가되지만 대차대조표에 전혀 기재되지 않았다. 이러한 누락은 사실상 합법적이었고, 회사법의 어느 조항도 위반한 것이 아니었기 때문에 2년 내내 은폐될 수 있었다. 잘못된 대차대조표에 서명을 한 책임자인 감독이사회 의장은 당시 맡고 있던 카셀 상업회의소의 회장직을 여전히 맡고 있다. 주주들이 <하시아 회사>에게 대부를 해 주었다는 말을 들은 것은 한참 후로, 이것이 잘못된(저자는 이 단어에 인용부호를 달았어야 했다.) 것임이 알려지고 그 내막을 잘 알고 있는 사람들이 주식을 팔아치우고 있어서 <스프링철강회사>의 주식이 거의 100퍼센트 하락하고 나서였다."

"주식회사에서 **상당히 만연한 이런 전형적인 대차대조표 사기 사례는**, 주식회사 이사회가 개인 기업가보다 별로 부담을 갖지 않고 위험한 거래에 기꺼이 착수하는 이유를 설명해 준다. 근대적 대차대조표 작성 방식은 의심스러운 사업을 일반 주주로부터 은폐할 수 있게 해 줄 뿐 아니라 주요 연루자가 자기 주식을 매도하여 실패한 투기의 결과로부터 벗어날 수 있게 해 준다. 이런 경우 개인 기업가는 그가 저지른 모든 일에 대해 목숨을 걸어야 한다."

"많은 주식회사의 대차대조표는 우리로 하여금, 일단 위에 적힌 글을 지워야 문서의 진정한 의미가 담긴 글이 그 밑에 적혀 있음을 발견할 수 있는 중세의 팔림프세스트(palimpsest)를 떠올리게 한다. [팔림프세스트는 원래 적힌 글을 지우고 또 다른 글을 적은 양피지 문서이다.]"

"대차대조표를 해독할 수 없게 만드는 가장 단순한, 따라서 가장 일반적인 절차는 '자회사들'을 세워서—혹은 합병해서—단일 사업을 여러

부문으로 쪼개는 것이다. 이러한 체계가 다양한—합법적·비합법적—목적에 유용하다는 점이 매우 명백하기 때문에 이를 사용하지 않는 대기업이 사실상 예외에 속할 정도이다."[50]

이 체계를 광범위하게 사용하는 거대 독점기업의 사례로, 저자는 유명한 <독일전기회사>(AEG. 나는 뒤에서 이 회사를 다시 언급할 것이다.)를 인용한다. 1912년, 이 회사는 **175곳**에서 **200곳**에 달하는 다른 회사들의 주식을 보유하고, 당연히 그 회사들을 지배하며, 따라서 **15억 마르크** 상당의 전체 자본을 통제하는 것으로 산정됐다.[51]

관리 규칙, 대차대조표 공표, 일정한 형식에 따른 대차대조표 작성, 공적 회계감사 따위는 좋은 의도를 가진 교수들과 관리들—다시 말해 자본주의를 옹호하고 치장하려는 좋은 의도로 가득 찬 사람들—이 공중에게 설교하던 것들인데, 이 중 그 어느 것도 쓸모라고는 하나 없다. 왜냐하면 사적 소유는 신성한 것이고 어느 누구에게도 주식을 매수·매도·교환·담보하는 등의 행위를 금지시킬 수 없기 때문이다.

이런 "자본 참가 체제"가 러시아 대은행들에서 얼마나 발전해 왔는지는 아가트(E. Agahd)가 제시하는 수치들을 통해 판단할 수 있다. 그는 15년 동안 러청은행 임원이었고 1914년 5월에는 『대은행과 세계시장』이라는 적절치만은 않은 제목의 책을 출판했다.[52] 저자는

50 L. Eschwege, "Tochtergesellschaften" in *Die Bank,* 1914, S. 545.

51 Kurt Heinig, "Der Weg des Elecktrotrusts" in *Die Neue Zeit*, 1912, 30. S. 484.

52 E. Agahd, *Grossbanken und Weltmarkt. Die wirstschaftliche und politische Bedeutung der Grossbanken im Weltmarkt unter Berüchsichtigung ihres Einflusses auf Russlands Volkswirtscahft und die deutsche-russichen Beziehungen*, Berlin, 1914.

러시아 대은행을 2개의 주요 집단으로 나눈다. (a) "자본 참가 체제"하에 있는 은행과 (b) "독자"은행—그런데 이 "독자"라는 말은 **외국** 은행들로부터 독자적이라는 의미로 제멋대로 쓰였다. 저자는 첫 번째 집단을 3개 하위 집단으로 나눈다. (1) 독일계, (2) 영국계, (3) 프랑스계 자본 참가. 언급한 특정 국적 외국 대은행들의 "자본 참가"와 지배를 고려한 것이다. 저자는 은행의 자본을 "생산적으로" 투자되는 자본(산업 및 상업 업무)과 "투기적으로" 투자되는 자본(주식 거래, 금융 업무)로 나눈다. 그의 소부르주아 개량주의 관점은, 자본주의하에서 첫 번째 투자 형태를 두 번째 투자 형태로부터 분리하고 두 번째 형태를 폐지하는 게 가능하다고 가정하기 때문이다.

여기에 그가 제시하는 수치들이 있다.

은행 자산

단위: 백만 루블

러시아 은행 집단			투자된 자본		
			생산적	투기적	합계
a	①	4개 은행 시베리아상업은행 / 러시아은행 국제은행 / 할인은행	413.7	859.1	1272.8
	②	2개 은행 상공업은행 / 러시아-영국은행	239.3	169.1	408.4
	③	5개 은행 러시아-아시아은행 상트페테르부르크사립은행 아조프-돈은행 / 모스크바연합은행 러시아-프랑스상업은행	711.8	661.2	1373.0
(11개 은행) 합계			1364.8	1689.4	3054.2

b	8개 은행 모스크바상인은행 / 볼가-카마은행 융커회사은행 상트페테르부르크상업은행(구 바벨베르크은행) 모스크바은행(구 랴부신스키은행) 모스크바할인은행 / 모스크바상업은행 모스크바사립은행	504.2	391.1	895.3
(19개 은행) 합계		1869.0	2080.5	3949.5

1913년 10~11월 보고서에 따름

이 수치들에 따르면, 대은행들의 "운영" 자본을 구성하는 대략 40억 루블 중 4분의 3 이상인 30억 루블이 실은 단지 외국 은행, 그중에서도 주로 파리 은행(유명한 삼인조: <파리연합은행>, <파리-네덜란드은행>, <소시에테제네랄>)과 베를린 은행(특히 <도이체방크>와 <디스콘토-게젤샤프트>)의 "자회사"에 불과한 은행들의 소유이다. 두 곳의 러시아 거대 은행인 러시아 은행(<러시아대외무역은행>)과 국제은행(<상트페테르부르크국제상업은행>)은 1906년과 1912년 사이 자사 자본을 4400만 루블에서 9800만 루블로, 지급준비금은 1500만 루블에서 3900만 루블로 증가시켰으며, "그중 4분의 3이 독일 자본이다." 러시아은행은 베를린의 <도이체방크> "콘체른"에 속하고, 국제은행은 베를린의 <디스콘토-게젤샤프트>에 속한다. 훌륭한 아가트는 주식의 대다수를 베를린 은행들이 보유하고 있고 그래서 러시아인 주주들이 아무런 힘도 없는 것에 심히 분개한다. 자연스레 자본을 수출한 국가는 알짜배기를 걷어간다. 예를 들어 베를린의 <도이체방크>는 <시베리아상업은행>의 주식을 베를린 시장에 내다팔기 전에 그것을 일 년 동안 자사의 포트폴리오로 보유하고 있었다. 그 후 <도이체방크>는 그것을 100 대 193의 비율로, 즉 주식 액면가의 거의 2배로 팔아치웠다. 이로써 거의 600만 루블의 이윤을 "벌어들였"는데, 힐퍼딩은 이것을 "창업자 이윤"이라고 부른다.

우리의 저자는 상트페테르부르크 소재 주요 은행들의 전체 "능력"을 80억 루블을 훨씬 상회하는 82억3500만 루블로 보며, "자본 참가", 더 정확히 말해 외국 은행이 이 은행들을 지배하는 정도를 다음과 같이 평가한다. 즉 프랑스계 은행들 55퍼센트, 영국계 은행들 10퍼센트, 독일계 은행들 35퍼센트. 저자는 운용 자본 총액 82억3500만 루블 중에서 36억8700만 루블, 즉 40퍼센트 이상이 <러시아 도네츠분지광물연료무역협회>와 <러시아 야금제품 마케팅협회>라는 신디케이트와 석유·야금·시멘트 산업 신디케이트들에 대한 지분이라고 산정한다. 다시 말해 자본주의적 독점체의 형성으로 인한 은행자본과 산업자본의 합병이 러시아에도 역시 거대한 족적을 남기고 있는 것이다.

소수의 손에 집중되어 사실상 독점을 행사하는 금융자본이 회사 설립·주식 발행·국채 등을 통해 막대할 뿐 아니라 계속 증가하는 이윤을 강요하고, 금융과두제의 지배를 강화하며, 독점자들을 위해 사회 전체로부터 공물을 거둬들이고 있다. 여기에 다른 많은 사람들이 받아들인 미국 트러스트들의 "사업" 방식이자 힐퍼딩이 인용한 사례가 있다. 1887년 <해브메이어>는 소규모 회사 15개를 합병하여 <설탕 트러스트>를 설립했다. 그것의 전체 자본은 650만 달러였다. 미국인들의 말을 빌면, 적절한 "물타기"를 통해 이 트러스트의 자본은 5천만 달러로 공표됐다. 이 "자본의 과대평가"는 독점이윤을 가져올 것으로 예상됐다. <미국철강회사>가 가능한 한 많은 철광석 광산을 매점하는 과정에서 독점이윤을 예상했던 것과 동일한 방식이었다. 사실 <설탕 트러스트>는 독점가격을 설정했고, 이 가격은 **7배**로 물타기 된 자본을 기준으로 10퍼센트의 배당금을 지급할 수 있을만한 이윤을 트러스트에게 보장해 주었다. 즉 이것은 **트러스트가 형성될 당시 실제 투자된 자본과 비교하여 대략 70퍼센트**에 상당한다! 1909년 <설탕 트러스트>의 자본은 9천만 달러로 평가됐다. 22년 만에, 트러스트는 자사 자본을 10배 이상으로 불린 것이다.

프랑스의 경우, "금융과두제"(『프랑스의 금융과두제에 반대한다』는 리시스가 쓴 유명한 책 제목으로, 1908년 5판이 출판되었다.)의 지배는 그다지 다를 바 없는 형태를 취했다. 가장 힘센 4대 은행들이 채권 발행 시 누리는 독점은 상대적이 아닌 "절대적 독점"이다. 사실 이것은 "대은행들의 트러스트"이다. 그리고 독점은 채권 발행 시 독점이윤을 보장해 준다. 일반적으로 채무국이 가져가는 차관은 총액의 90퍼센트를 넘지 않는다. 나머지 10퍼센트는 은행과 다른 중개자에게 돌아간다. 러-중 차관 4억 프랑 중 은행이 가져간 이윤은 8퍼센트에 달한다. 러시아 차관 8억 프랑(1904년)에서 가져간 이윤은 10퍼센트에 달한다. 모로코 차관 6250만 프랑(1904년)에서 가져간 이윤은 18.75퍼센트에 달한다. 소규모 고리대자본에서부터 발전하기 시작한 자본주의는 거대한 고리대자본으로 그것의 발전을 마무리 짓고 있다. 리시스에 따르면, "프랑스인은 유럽의 고리대업자이다." 이러한 자본주의의 전환은 경제생활의 모든 조건을 크게 수정하고 있다. 인구가 정체하고, 산업·상업·해운이 정체하자, 이 "나라"의 성장은 고리대업을 통해 가능하게 된다. "자본 800만 프랑을 대변하는 50명이 4대 은행에 예치된 **20억** 프랑을 지배할 수 있다." 우리에게 이미 익숙한 "자본 참가 체제”는 동일한 결과로 이끈다. 예컨대 거대 은행 중 하나인 <소시에테 제네랄>은 “자회사”인 <이집트 설탕정제회사>를 대행해 채권 6만4천 주를 발행했다. 이 채권은 액면가의 150퍼센트에 발행됐다. 즉 은행은 1프랑 당 50상팀을 벌었다. 신규 회사의 배당금은 허구로 밝혀졌고 “공중”은 9천만 프랑에서 1억 프랑의 손해를 보았다. “<소시에테 제네랄>의 이사진 중 한 사람은 그 설탕정제회사 이사회의 일원이었다.” 저자가 “프랑스 공화국은 금융 군주국”이라고, “프랑스는 금융과두제의 완전한 지배를 받고 있으며, 후자가 언론 및 정부를 지배한다.”고 결론을 내리지 않을 수 없었던 것이 놀랄 일은 아니다.[53]

채권 발행에서 예외적으로 높은 이윤율을 얻는 것은 금융자본의 주요 기능 중 하나이며, 금융과두제를 발전시키고 공고화하는 데 매우 중요한 역할을 한다. 『은행』은 “해외 차관 모집에서 얻는 것과 얼추 비슷한 이윤을 가져다주는 이런 유형의 사업이 국내에서는 단 하나도 존재하지 않는다.”고 말한다.[54]

“어떤 은행 업무도 증권 발행에서 얻는 이윤에 맞먹는 이윤을 가져오지 않는다!” 『독일 이코노미스트』에 따르면, 산업 주식을 발행할 때 나오는 연간 평균이윤은 다음과 같다.

53 Lysis, *Contre l’oligarchie financière en France*, 5 ed. Paris, 1908, pp. 11, 12, 26, 39, 40, 48.

54 *Die Bank*, 1913, No. 7, S. 630.

연도	평균이윤
1895	38.6
1896	36.1
1897	66.7
1898	67.7
1899	66.9
1900	55.2

단위: 퍼센트

"1891년부터 1900년까지 10년 동안, 독일의 산업 주식 발행은 **10억 마르크 이상**을 '벌어'들였다."[55]

산업 호황기 동안 금융자본의 이윤은 막대한 반면, 불황기 동안 건실하지 않은 소규모 회사들은 사라진다. 그리고 대은행들은 보잘것없는 가격에 이 회사들을 몽땅 사들여 "지분"을 손에 넣거나, 이 회사들을 "재구성"·"재조직"하는 수지맞는 계획에 참여한다. 손실을 보며 운영되는 사업들의 "재구성" 과정에서 "주식자본은 감가된다. 다시 말해 이윤이 줄어든 자본에게 분배되고 계속 이 줄어든 기반 위에서 산정된다. 혹은 만약 수입이 0으로 떨어졌다면, 신규 자본이 호출된다. 이것은 구래의 수익성이 떨어지는 자본과 결합되어 적절한 보답을 가져올 것이다." 힐퍼딩의 부언에 따르면, "말하자면, 이 모든 재조직과 재편은 은행의 입장에서 두 가지 의미를 갖는다. 첫째, 이것은 수지맞는 거래이다. 둘째, 곤경에 처한 기업들에 대한 지배력을 확보할 수 있는 기회이다."[56]

55 Stillich, 앞의 책, S. 143, 또한 W. Sombart, *Die deutsche Volkswirtschaft im 19. jahrhundert*, 2. Aufl., 1909, S. 526, Anlage 8.

56 *Finance Capital*, p. 172.

다음과 같은 사례가 존재한다. <도르트문트 연합광업회사>는 1872년 설립됐다. 주식자본이 거의 4천만 마르크나 발행됐고, 회사가 설립 첫해 12퍼센트의 배당금을 지급하자 주식의 시장가격은 170퍼센트나 상승했다. 금융자본은 단물을 빨아먹었고 약 2800만 마르크밖에 안 되는 푼돈을 벌었다. 이 회사의 주요 후원자는 자본 3억 마르크를 매우 성공적으로 확보하고 있던 독일 거대 은행 <디스콘토-게젤샤프트>였다. 그 후 연합광업 회사의 배당금은 0이 됐다. 주주들은 자본 "감가"에 동의해야만 했다. 다시 말해 주식 전부를 잃지 않기 위해 일부를 잃어야만 했던 것이다. 일련의 "재구성"을 거치며 30년 동안 7300만 마르크 이상이 연합광업회사 장부에서 감가됐다. "현재 이 회사의 최초 주주들은 그 보유 주식 액면가의 5퍼센트만을 가지고 있을 뿐이다."[57] 그러나 은행은 "재구성"이 이루어질 때마다 항상 "뭔가 벌어들였다."

급격하게 성장하는 대도시 교외 지역 땅 투기는 특히나 금융자본에게 수지맞는 업무이다. 은행들의 독점은 여기서 지대의 독점, 교통수단의 독점과 결합한다. 지가 상승과 수익성 있는 토지 분양 가능성 등은 주로 도시 중심부와 이어지는 교통수단이 좋은가에 달려 있기 때문이다. 그리고 이러한 교통수단은 자본 참가 체제 및 이사회 자리 배분을 통해 해당 은행과 연결된 대기업의 수중에 놓여 있기 때문이다. 그 결과 우리는 독일인 저자이자 『은행』의 기고자인 에슈베게(L. Eschwege)가 "수렁"이라고 명명한 상황에 이른다. 그는 부동산 사업과 담보대출 등에 대한 특별 연구를 진행했다. 그에 따르면 교외 지역 건설 용지에 대한 광란의 투기가 일어난다. 베를린에 있는 <보스바우>와

57 Stillich, 앞의 책, S. 138 및 Liefmann, 앞의 책, S. 51.

<크나우어>와 같은 건설회사들이 파산한다. 두 회사는 “건전하고 건실한” <도이체방크>—물론 자본 참가 체제를 통해, 즉 비밀리에 무대 뒤에서 움직였다—의 도움으로 1억 마르크 상당의 자금을 모았던 회사인데, “단지” 1200만 마르크만 손실을 보고 그곳에서 빠져나왔다. 그로 인해 가공의 건설회사들로부터 아무 것도 얻지 못한 소소유자와 노동자는 망하고 말았다. 건설업계의 정보와 행정당국의 건설 허가를 장악하기 위해 “정직한” 베를린 경찰 및 행정기관과의 부정한 거래가 빈번해진다.[58]

유럽의 교수들과 선의의 부르주아가 위선적인 태도로 개탄하는 “미국식 윤리”는 금융자본 시대에 와서 문자 그대로 모든 나라 모든 대도시의 윤리가 된다.

1914년 초 베를린에서는 “운수 트러스트”의 형성, 다시 말해 도시 전철, 트램회사, 버스회사 등 베를린 운수회사 세 곳 사이에 “이익 공동체”를 수립하는 것에 대한 이야기가 나왔다. 『은행』은 이렇게 썼다. “우리가 이 계획이 검토되고 있다는 사실을 알게 된 것은 대부분의 버스회사 주식을 다른 운수회사 두 곳에서 인수하기로 했다는 것이 알려진 이후였다. …… 운수 서비스를 통합함으로써 그 회사들은 경제성을 확보할 것이고 그 성과 일부가 조만간 공중에게 혜택으로 돌아갈 것이라고 그들은 말한다. 이에 대해 우리는 이 목표를 추진하는 사람들을 전적으로 신뢰해도 좋을 것이다. 그러나 운수 트러스트 형성 이면에 은행들이 존재한다는 사실로 인해 문제가 복잡해진다. 은행들은

58 In *Die Bank*, 1913, S. 952, L. Eschwege, *Der Sumpf;* 위의 책, 1912, 1, S. 223 이하 참조.

원한다면 이제껏 독점해 온 운송 수단을 그들의 부동산 사업의 이해에 종속시킬 수 있다. 그러한 추측이 합당하다는 것을 깨닫기 위해 우리는 단지 다음을 상기하기만 하면 된다. 즉 <전철회사>가 설립되던 때부터 해당 회사 설립을 조장한 대은행의 이해가 이미 그 속에 얽혀 있었다. 다시 말해, 이 운송회사의 이해는 부동산 이해와 맞물려 있었다. 요점은 이 전철회사의 동부 노선이 해당 은행이 자사와 여러 동업자들에게 매우 큰 이윤을 남기고 매각한 토지를 가로질러 지난다는 점이다. 이 거래는 동부 노선이 놓인다는 것이 확실해진 시기에 이루어졌다."[59]

독점은 일단 형성되어 수십억을 지배하게 되면, 정부 형태와 다른 모든 "세부 사항"에 상관없이 불가피하게 공적 생활의 **모든** 영역으로 침투한다. 독일 경제 문헌 속에서, 사람들은 대개 프로이센 관료제의 고결함에 대한 비굴한 찬양, 프랑스의 파나마 추문과 미국의 정치적 부패에 대한 언급과 마주하게 된다. 그러나 사실은 이렇다. 독일의 은행 문제에 전력한 부르주아 문헌**조차** 순수한 은행 업무 영역을 늘상 멀리 벗어나야 했다. 이를테면 그 문헌은 공직자가 은행에 더 많이 채용되는 것과 관련된 "은행의 유혹"에 대해 다음과 같이 말한다. "마음속 가장 깊은 곳에서 베렌스트라세의 손쉬운 일자리를 열망하는 국가 관리의 고결성을 어떻게 볼 것인가?"[60] (베렌스트라세는 도이체방크 본사가 있는 베를린의 거리명이다.) 1909년 『은행』의 발행인 알프레트 란스부르그(Alfred Lansburgh)는 「비잔틴주의의 경제적 의의」라는 제목의 논설을 썼다. 이 논설에서 그는 우연히 빌헬름 2세의 팔레스타인 여행과 "이 여행의

59 "Verkehrstrust" in *Die Bank*, 1914, 1, S. 89.
60 "Der Zug zur Bank" in *Die Bank*, 1909, 1, S. 79.

직접적 결과인 바그다드 철도 부설, 즉 우리의 모든 실책들을 합쳐 놓은 것보다 '포위 정책'에 더 많은 책임이 있는, 파멸적인 '독일 기업 정신의 위대한 산물'"에 대해 언급했다.[61] (포위 정책은 독일을 고립시키고 제국주의적 반독일 연합으로 독일을 에워싸는 에드워드 7세의 정책을 이르는 말이다.) 내가 이미 언급한 적 있는 같은 잡지의 기고자 에슈베게는 1911년「금권정치와 관료제」라는 제목의 논설을 썼는데, 여기서 그는 예를 들어 폴커라는 이름을 가진 독일 관리의 사례를 폭로했다. 그는 카르텔위원회의 열성적 위원이었지만 얼마 되지 않아 최대 카르텔인 <철강 신디케이트>의 높은 급여를 받는 직위를 손에 넣은 것으로 드러났다. 전혀 우연이라고 볼 수 없는 유사 사례들은 이 부르주아 저자로 하여금 "독일 헌법이 보장하는 경제적 자유는 경제생활의 많은 부문에서 공문구가 됐"고 현존하는 금권정치의 지배하에서 "가장 폭넓은 정치적 자유조차 우리를 자유가 없는 인민으로 전락하는 것으로부터 구해 주지 못한다."는 점을 인정하지 않을 수 없게 만들었다.[62]

러시아와 관련하여, 나는 한 가지 사례만을 들도록 하겠다. 몇 년 전, 모든 신문들은 재무부의 신용국장 다비도프가 어떤 대은행에 채용되어 직위에서 사임했다고 발표했다. 계약에 따르면 수년간 총 백만 루블 이상의 급여를 받기로 했다고 한다. 신용국은 "국내 모든 신용기관의 활동을 조정하고 상트페테르부르크와 모스크바 소재 은행에 8억에서 10억 루블에 달하는 보조금을 교부하는" 임무를 가진 기관이다.[63]

자본의 소유가 생산에 자본을 사용하는 것과 분리되고 화폐자본이

61 위의 책, S. 301.
62 위의 책, 1911, 2, S. 825; 1913, 2, S. 962.
63 E. Agahd, 같은 책, S. 202.

산업자본 혹은 생산자본과 분리되는 것, 그리고 전적으로 화폐자본으로 획득한 소득을 가지고 살아가는 금리생활자가 기업가 및 자본의 경영에 직접 관련된 모든 사람들과 분리되는 것은 자본주의의 일반적 특징이다. 제국주의, 즉 금융자본의 지배는 이러한 분리가 어마어마한 규모에 도달한 자본주의의 최고 단계이다. 다른 모든 자본 형태에 대한 금융자본의 우위는 금리생활자와 금융과두제의 지배를 의미한다. 그것은 "강력한" 금융을 가진 소수의 국가들이 다른 모든 국가들에 비해 두드러지게 된다는 것을 의미한다. 이러한 과정이 얼마나 지속될지는 발행 통계, 다시 말해 온갖 종류의 유가증권 발행 규모를 통해 판단해 볼 수 있다.

<국제통계협회>의 회보에서 네이마르크(A. Neymarck)는[64] 전 세계 유가증권 발행을 망라한 매우 포괄적이고 완벽한 비교 수치들을 발표했다. 이 수치들은 경제학 문헌에서 계속해서 부분적으로 인용됐다. 아래 표는 그가 제시한 40년 동안의 총계이다.

1870년대에 전 세계 유가증권 발행 총액이 높은 수준이었던 것은 특히 프로이센-프랑스 전쟁과 전후 독일에서 일어난 회사 창립 붐과 관련하여 유입된 대부금 때문이었다. 전반적으로 19세기 마지막 30년 동안 증가세는 상대적으로 급격하지 않았다. 그리고 20세기 첫 10년에 와서야 거의 100퍼센트에 달하는 엄청난 증가세가 관찰된다.

64 *Bulletin de l'institut international de statistique*, t. XIX, livr. II, La Haye, 1912. 다음쪽 하단 표 두 번째 열의 소국들과 관련된 자료는 1902년 수치에 20퍼센트를 덧보태 산정한 것이다.

10년 단위의 총 발행 규모

단위: 십억 프랑

1871~1880년	76.1
1881~1890년	64.5
1891~1900년	100.4
1901~1910년	197.8

따라서 20세기 벽두는 우리가 이미 이야기한 독점체(카르텔, 신디케이트, 트러스트)의 성장뿐 아니라 금융자본의 성장에서도 전환점을 이룬다.

네이마르크는 1910년 세계적으로 발행되어 유통되는 유가증권 총액을 약 8150억 프랑으로 추산한다. 그는 이 합계에서 중복액을 공제할 경우 총액은 5750억에서 6천억 프랑일 것이라고 추론한다. 이 액수를 다양한 국가로 분류하면, 다음 표와 같다(나는 6천억 프랑을 기준으로 잡았다).

1910년 유통 중인 금융 유가증권

단위: 십억 프랑

영국	142	479	일본	12
미국	132		네덜란드	12.5
프랑스	110		벨기에	7.5
독일	95		스페인	7.5
러시아	31		스위스	6.25
오스트리아-헝가리	24		덴마크	3.75
이탈리아	14		스웨덴, 노르웨이, 루마니아 등	2.5

총액: 600

이 수치로부터, 우리는 가장 부유한 자본주의국가 네 곳이 눈에 띄게 두드러진다는 점을 단번에 알 수 있다. 각국은 대략 1천억에서 1500억 프랑에 달하는 유가증권을 보유하고 있다. 이 네 나라 중 두 나라, 즉 영국과 프랑스는 가장 오래된 자본주의국가이고 우리가 보았듯이 가장 많은 식민지를 소유하고 있다. 다른 두 나라, 즉 미국과 독일은 발전 속도와 자본주의적 산업 독점체의 확대 정도에서 선도적 자본주의국가이다. 이 네 나라가 모두 합해 4790억 프랑, 다시 말해 세계 금융자본의 거의 80퍼센트를 소유한다. 어떤 식이 됐든 세계의 나머지 국가들 거의 전체가 대개 이 국제적 은행가 국가들, 이 세계 금융자본의 4대 "기둥"의 채무국이거나 종속국이다.

금융자본의 국제적 종속망·연결망을 만드는 데 자본수출이 행한 역할을 고찰하는 것이 특히나 중요하다.

제4장
자본수출

자유경쟁이 완전한 지배력을 행사했던 과거 자본주의의 전형은 **재화** 수출이었다. 독점체가 지배하는 최근 단계 자본주의의 전형은 **자본**수출이다.

자본주의는 노동력 자체가 상품이 된, 최고 발전 단계에 이른 상품생산이다. 국내 교환의 성장, 특히 국제적 교환의 성장은 자본주의의 고유한 특징이다. 개별 기업, 개별 산업부문, 개별 국가의 불균등하고 발작적인 발전은 자본주의 체제하에서는 불가피하다. 영국은 다른 어느 나라보다 먼저 자본주의국가가 됐고, 19세기 중반 자유무역을 채택하여 모든 나라에 제조업 제품을 공급하는 "세계의 작업장"이라고 공언했다. 그 대신 다른 나라들은 영국에 원자재를 계속 공급해야 했다. 그러나 19세기 마지막 25년간 이런 독점이 이미 침식됐다. 다른 나라들이 "보호" 관세로 자국을 보호하며 독자적 자본주의국가로 발전했기 때문이다. 20세기의 문턱에 이르러, 우리는 새로운 유형의 독점이 형성되는 것을 목도했다. 첫 번째, 자본주의로 발전한 모든 나라에서 자본가들의 독점적 단체가 등장했다. 두 번째, 극소수 부유한 나라들이 독점적 지위를 누리게 됐다. 이 나라들에서 자본의 축적은 엄청난 규모에 도달했다. 자본주의국가들 안에서 막대한 "자본의 과잉"이 생겼다.

다음의 내용을 말하지 않고 지나갈 수는 없다. 즉 만약 자본주의가 오늘날 도처에서 산업에 비해 지독하게 뒤처져 있는 농업을 발전시킬 수 있다면, 만약 자본주의가 놀라운 기술 진보에도 불구하고 여전히 도처에서 반기아 상태로 빈곤에 찌들어 있는 대중의 생활 조건을 개선할 수 있다면, 자본의 과잉은 전혀 문제가 될 수 없을 것이다. 이런 "주장"은 소부르주아적 자본주의 비판가들이 매우 자주 내놓는 주장이다. 그러나 자본주의가 이러한 일을 해낸다면, 그것은 자본주의가 아니다. 불균등한 발전과 반기아 수준의 생활을 하는 대중은 이 생산양식의 근본적이고 불가피한 조건이자 전제를 이루기 때문이다. 자본주의가 현재 모습 그대로 남아 있는 한, 과잉자본은 그 나라 대중의 생활수준을 개선하는 목적을 위해 활용되지 않는다. 그것은 자본가들의 이윤 감소를 의미하기 때문이다. 그 대신 과잉자본은 해외의 후진국들에 자본을 수출함으로써 이윤을 증가시키는 목적에 활용된다. 이러한 후진국들의 경우, 자본이 부족하고 지가가 상대적으로 낮고 임금이 낮고 원자재가 싸기 때문에, 통상적으로 이윤이 높다. 다수의 후진국들이 이미 세계 자본주의의 운행 속에 끌려왔기 때문에 자본수출이 가능해졌다. 간선철도가 이 나라들에서 부설됐거나 부설 중이며, 산업 발전의 기초 조건들이 창출됐다. 자본수출의 필요성은 소수의 나라들에서 자본주의가 "지나치게 성숙"했으며 (후진적 농업 상태와 대중의 빈곤으로 인해) 자본이 "수익성 있는" 투자처를 찾을 수 없다는 사실로부터 발생한다.

해외 투자 자본

단위: 십억 프랑

연도	영국	프랑스	독일
1862	3.6	—	—
1872	15.0	10 (1869년)	—
1882	22.0	15 (1880년)	?
1893	42.0	20 (1890년)	?
1902	62.0	27~37	12.5
1914	75~100.0	60	44.0

위 표는 주요 국가 세 곳이 해외에 투자한 자본 총액을 보여 주는 대략적 수치이다.[65] 이 표는 자본수출이 20세기 초반에 와서야 비로소 거대한 규모에 도달했다는 점을 보여 준다. 전쟁 이전에 주요 국가 세 곳에서 해외에 투자한 자본은 1750억에서 2천억 프랑 정도였다. 5퍼센트로 줄잡아 계산해 보면, 이 총액으로부터 발생한 수입은 연간 80억에서 100억 프랑에 달한다—이것은 세계 대부분의 국가와 민족 들을 제국주의적으로 억압하고 착취하기에 충분한 토대이자 한 줌밖에 안 되는

65 Hobson, *Imperialism*, London, 1902, p. 58; Riesser, 앞의 책, S. 395와 404; P. Arndt in *Weltwirtschaftliches Archiv,* Bd. 7, 1916, S. 35; Neymarck in *Bulletin*; Hilferding, *Finance Capital*, p. 492; Lloyd George, Speech in the House of Commons, May 4, 1915. reported in the Daily Telegraph, May 5, 1915; B. Harms, *Probleme der Weltwirtschaft*, Jena, 1912, S. 235 이하 참고; Dr. Siegmund Schilder, *Entwicklungstendenzen der Weltwirtschaft*, Berlin, 1912, Band 1, S. 150; George Paish, "Great Britain's Capital Investments, etc.", in *Journal of the Royal Statistical Society*, Vol. LXXIV, 1910-11, P. 167 이하 참고; Georges Diouritch, *L'Expansion des banques allemandes a l'ètranger, ses rapports avec le développement écomomique de l'Allemagne,* Paris, 1909, p. 84.

부국들의 자본주의적 기생성을 위한 충분한 토대이다!

해외에 투자된 이 자본이 다양한 국가들 사이에서 어떻게 분배되는가? 그것은 **어느 곳**에 투자되고 있는가? 이 질문에 대해서는 오직 대략적 답변만이 주어질 수 있다. 그러나 그것은 근대 제국주의의 일정한 일반적 관계와 연관성에 대해 충분히 빛을 밝혀 준다.

세계 각 지역별 해외 자본 분포(근사치, 1910년경)

단위: 십억 마르크

	영국	프랑스	독일	합계
유럽	4	23	18	45
아메리카 대륙	37	4	10	51
아시아, 아프리카, 오스트레일리아	29	8	7	44
합계	70	35	35	140

영국 자본의 주된 투자 지역은 영국 식민지로, 아시아 등지는 말할 것도 없이 아메리카 대륙(예컨대 캐나다)에서도 매우 광대하다. 이 경우 막대한 자본수출은 방대한 식민지와 가장 긴밀히 결합되어 있다. 나는 나중에 제국주의에서 식민지가 갖는 중요성을 이야기할 것이다. 프랑스의 경우, 상황이 사뭇 다르다. 프랑스에서 수출된 자본은 대부분 유럽, 주로 러시아(적어도 100억 프랑)에 투자된다. 이것은 주로 **대부** 자본, 국채로 산업부문에 투자된 자본이 아니다. 영국의 식민지 제국주의와 달리, 프랑스 제국주의는 고리대 제국주의라 부를 만하다. 독일의 경우는 제3의 유형이라 할 수 있다. 식민지는 하잘것없고, 해외에 투자된 독일 자본은 대부분 유럽과 아메리카 대륙에 고르게 분포되어 있다.

자본수출은 자본 수입국들의 자본주의 발전에 영향을 미치고,

그 발전을 엄청나게 가속시킨다. 따라서 자본수출은 일정 정도 자본수출국의 발전을 억제하는 경향도 있지만, 이를 통해 전 세계에 걸쳐 자본주의 발전을 한층 더 확대하고 심화시킨다.

자본수출국은 거의 항상 일정한 "이점"을 얻을 수 있는데, 이것은 금융자본과 독점의 시대가 지닌 특성을 알려 준다. 예컨대 다음 문단은 1913년 10월 베를린의 평론지 『은행』에 실렸던 글이다.

"아리스토파네스의 펜에서 나온 것 같은 희곡이 최근 국제 자본시장에서 상연되고 있다. 스페인에서 발칸 지역 국가들, 러시아에서 아르헨티나, 브라질, 중국에 이르기까지 수많은 해외 국가들이 공개적으로 혹은 비밀리에 거대 화폐시장에 접근하여, 경우에 따라서는 심하게 고집을 피우며 차관을 요구하고 있다. 화폐시장은 마침 그다지 양호한 상태에 있지 않고 정치적 전망도 유망하지 않다. 그러나 주변국이 선수를 쳐서 차관 제공에 동의하고 이로써 일정한 호혜적 편의를 손에 넣지나 않을까 하는 걱정에 화폐시장 단 한 곳도 감히 차관을 거절하지 않는다. 이러한 국제 거래에서 채권자는 거의 항상, 통상조약에서 유리한 조항, 석탄 공급지, 항구 건설 계약, 넉넉한 이권 혹은 총포 주문 등, 일정한 추가 혜택을 손에 넣을 수 있다.[66]

금융자본은 독점체의 시대를 창출했고, 독점체는 도처에 독점 원리를 도입한다. 즉 수지맞는 거래를 위해 "연줄"을 활용하는 것이 공개시장에서의 경쟁을 대신한다. 가장 흔한 경우는 승인된 차관의 일부를 채권국의 물품 구입, 특히 전쟁 물자나 선박 따위의 주문에 지출해야 한다고 계약 조건으로 명문화하는 것이다. 지난

66 *Die Bank*, 1913, 2, S. 1024~25.

20년(1890~1910년) 동안 프랑스는 매우 빈번하게 이 방법에 의지해 왔다. 따라서 자본수출은 상품 수출을 촉진하는 수단이 된다. 이런 연줄 속에서, 특히 대기업 사이의 거래는 쉴더(Siegmund Schilder)가[67] "온건하게" 표현한 것처럼 "부패 행위나 다름없는" 형태를 취한다. 힘 있는 은행 및 정부에 긴밀한 연줄을 갖고 있어서 차관을 결정할 때 쉽게 "무시"할 수 없는 기업의 사례로 독일의 <크루프>, 프랑스의 <슈나이더>, 영국의 <암스트롱>이 있다.

프랑스는 러시아에 차관을 승인하면서 러시아를 "압박"하여 1905년 9월 16일 맺은 통상조약에 1917년까지 유효한 일정한 이권을 조항으로 명문화했다. 프랑스는 1911년 8월 19일 일본과 맺은 통상조약에서 동일한 짓을 했다. 1906년부터 1911년까지 7개월의 휴지기를 빼고 계속 이어진 오스트리아와 세르비아 사이의 관세 전쟁은 일정 부분 세르비아에 대한 전쟁물자 공급을 두고 오스트리아와 프랑스가 경쟁하면서 야기된 것이었다. 폴 데샤넬은 1912년 1월 하원에서, 프랑스 기업들이 1908년부터 1911년까지 세르비아에 4500만 프랑에 달하는 전쟁 물자를 공급해 왔다고 진술했다.

상파울루(브라질 주재) 오스트리아-헝가리 영사의 보고에 따르면, "브라질 철도는 주로 프랑스, 벨기에, 영국, 독일 자본으로 건설되고 있다. 이 철도 부설 관련 금융 업무에서, 관련국들은 필수 철도 자재의 주문을 계약 조건으로 명문화했다."

이렇게 금융자본은 누구의 말마따나 문자 그대로 자신의 그물을 세계 모든 나라에 펼쳐 놓았다. 여기서 식민지에서 설립된 은행이나 그것의

67 Schilder, 앞의 책, S. 346, 350, 371.

지점들이 중요한 역할을 한다. 독일 제국주의자들은 이런 점에서 특히 "성공"을 거둔 "구" 식민지 국가들을 부러운 눈으로 쳐다본다. 1904년, 영국은 2279개 지점을 가진 식민지 은행을 50개 보유했고(1910년에는 5449개 지점을 가진 72개 은행이 있었다), 프랑스는 135개 지점을 가진 20개 은행을 보유했다. 네덜란드는 68개 지점을 가진 16개 은행을 보유했다. 그리고 독일은 "단지" 70개 지점을 가진 13개 은행만을 보유했다.[68] 미국 자본가들은 그 나름대로 영국인과 독일인을 질투했다. 그들은 1915년 다음과 같이 불평했다. "남아메리카에서 독일 은행 5개가 지점 40개를 보유하고, 영국 은행 5개가 지점 70개를 보유하고 있다. …… 영국과 독일은 지난 25년 동안 아르헨티나와 브라질, 우루과이에 대략 40억 달러를 투자했고 그 결과 양국이 이 3개국 전체 무역의 46퍼센트를 지배하고 있다."[69]

자본수출국들은 비유적 의미에서 자기들끼리 세계를 분할했다. 그러나 금융자본은 세계를 **실제로** 분할했다.

68 Riesser, 앞의 책, 4th ed., S. 375; Diouritch, p. 283.

69 *The Annals of the American Academy of Political and Social Science*, Vol. LIX, May 1915, p. 301. 동일한 책의 331쪽에서, 우리는 저명한 통계학자 페이시가 금융 잡지 『통계가The Statist』에서 영국, 독일, 프랑스, 벨기에, 네덜란드가 수출한 자본 총액이 400억 달러, 즉 2천억 프랑에 달한다고 평가한 것을 읽을 수 있다.

제5장
자본가 단체들 사이의 세계 분할

독점적 자본가 단체·카르텔·신디케이트·트러스트는 자국 산업을 거의 완벽하게 자기 수중에 두면서 먼저 자기들끼리 국내시장을 분할했다. 그러나 자본주의하에서 국내시장은 불가피하게 해외시장과 연결되어 있다. 자본주의는 오래 전에 세계시장을 창출했다. 자본수출이 증가하고, 거대 독점적 단체들의 "영향권" 및 해외 식민지와의 연결이 모든 방면으로 팽창하면서, 사태는 "자연스레" 이 단체들 사이의 국제적 협정과 국제적 카르텔의 형성으로 이끌리게 된다.

이것은 자본과 생산의 세계적 집적이라는, 이전 단계들과는 비교할 수 없을 정도로 고도화된 새로운 단계이다. 이러한 초독점이 어떻게 발전하는지 살펴보도록 하자.

전기산업은 최근의 기술 성과를 크게 대표하고, 19세기 말과 20세기 초 자본주의의 가장 전형적인 산업이다. 이 산업은 신흥 자본주의국가들을 선도하는 두 나라, 미국과 독일에서 가장 크게 발전했다. 1900년 공황은 특히 독일 전기산업의 집적에 강력한 자극을 주었다. 공황 당시, 이미 산업과 충분히 잘 융합되어 있던 은행은 상대적으로 소규모인 기업들을 파괴하고 그 기업들이 대기업으로 흡수되는 과정을 가속·격화시켰다. 야이델스에 따르면, "은행들은 자본을 가장 필요로 하는 기업들에게 도움의 손길을 주기를 거부했고, 처음에는 광란의 경기를 부채질하고, 그 다음에는 은행과 충분히 밀접하게 연결되지 않은 기업들을 절망적인 파멸로 내몰았다."[70]

그 결과, 1900년 이후 독일에서 집적은 엄청난 보폭으로 전진했다. 1900년까지 전기산업에 7~8개의 "기업 집단"이 존재했다. 각 기업 집단은 여러 개 기업으로 이루어졌고(총 28개 기업), 2개에서 11개 은행이 각 기업 집단을 지원했다. 1980년과 1912년 사이, 이 모든 기업 집단은 2개, 1개로 합병됐다. 다음의 도표는 이 과정을 보여 준다.

전기 산업의 기업 집단들

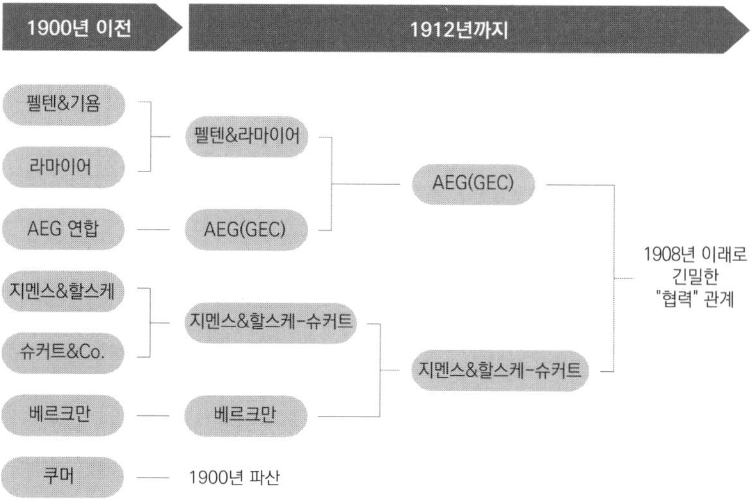

70 Jeidels, 앞의 책, S. 232.

유명한 <AEG(종합전기회사)>는 이러한 방식으로 성장하여, ("자본참가" 체제를 통해) 175개에서 200개의 기업과 15억 마르크가량의 전체 자본을 지배한다. 해외 직영 대리점만 10여 개 국가에 34개가 존재하고, 그중 12개는 주식회사이다. 1904년 독일 전기산업이 해외에 투자한 자본 총량은 2억3300만 마르크로 추산된다. 이 금액 중 6200만은 러시아에 투자됐다. <AEG>가 전선, 절연체에서 전동차량, 비행기까지 매우 다양한 물건들을 생산하는 거대 "결합기업"—소속 제조업 회사만 16개나 된다—이라는 점은 말할 필요도 없다.

그러나 유럽에서의 집적은 미국에서 일어난 집적 과정의 구성 부분 가운데 하나이기도 하다. 그것은 아래 도표 방식으로 전개됐다.

이런 식으로, 전기 "열강" **2개**가 형성됐다. 하이니히(Kurt Heinig)는 자신의 논문, 「전기 트러스트로 가는 길」에서 "이들로부터 완전히 독립되어 있는 전기회사는 지구상에 하나도 없다."라고 썼다. 비록 완전하지는 않지만, 이 두 "트러스트" 소속 기업들의 매출과 규모가 얼마나 되는지는 다음쪽 상단 표에 나오는 수치를 통해 알 수 있다.

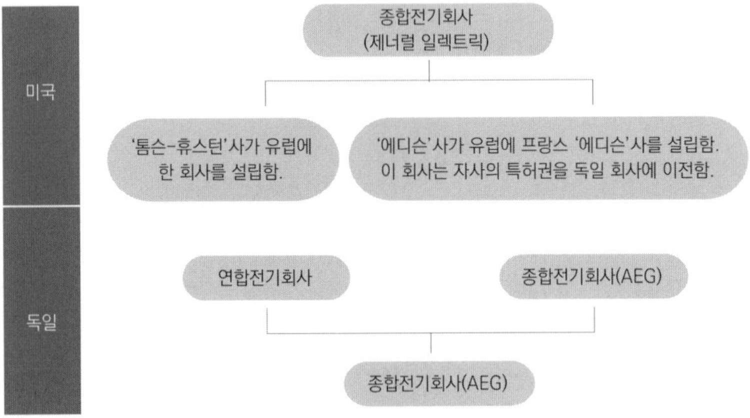

	연도	매출 (백만 마르크)	고용자 수	순이윤 (백만 마르크)
종합전기회사 (GEC)	1907 1910	252 298	28000 32000	35.4 45.6
종합전기회사 (AEG)	1907 1911	216 362	30700 60800	14.5 21.7

그리고 그 결과 1907년 독일과 미국의 트러스트는 자기들끼리 세계를 분할하는 협정을 체결했다. 그들 사이의 경쟁은 중단됐다. 미국 <종합전기회사(GEC)>는 미국과 캐나다를 "차지한다." 독일 <종합전기회사(AEG)>는 독일, 오스트리아, 러시아, 네덜란드, 덴마크, 스위스, 터키, 발칸 지역 국가들을 "차지한다." "자회사"가 신규 산업부문이나 아직 공식적으로 할당되지 않은 "신규" 국가들로 진출하는 경우와 관련된 특별 협정이 체결됐다. 이것은 당연히 비밀 협정이었다. 두 트러스트는 발명과 실험을 상호 교환하기로 했다.[71]

이 트러스트, 즉 자본 수십억 마르크를 지배하고 세계 방방곡곡에 "지점", 대리점, 대표부, 연줄 등등을 갖고 있는 사실상 단일한 세계적 규모의 트러스트에 맞서 경쟁한다는 것은 어려운 일임이 자명하다. 그러나 강력한 트러스트 2개 사이에 세계가 분할되는 것은 불균등 발전, 전쟁, 파산 등의 결과로 세력 관계가 변화하여 **재분할**이 일어날 경우를 배제하지 않는다.

그러한 재분할 시도, 재분할 투쟁의 교훈적 사례가 바로 석유산업이다.

야이델스는 1905년 다음과 같이 썼다. "세계 석유시장은 오늘날에조차도

71 Riesser, 앞의 책; Diouritch, 앞의 책, p. 239; Kurt Heinig, 앞의 책.

여전히 2개의 거대 금융 집단들—록펠러의 미국 <스탠더드 석유회사>, 그리고 러시아 바쿠유전을 지배하는 세력인 로스차일드와 노벨—로 분할되어 있다. 두 집단은 서로 긴밀히 연결되어 있다. 그러나 여러 해 동안 다섯 가지 적들이 그들의 독점을 위협해 왔다."[72] (1) 미국 유전의 고갈, (2) 바쿠에서 만타셰프 소유 기업과의 경쟁, (3) 오스트리아 유전, (4) 루마니아 유전, (5) 해외, 특히 네덜란드 식민지의 유전(매우 부유한 기업인 <사무엘>과 <셸>은 영국 자본과도 연결되어 있다). 뒤의 세 가지 사업은 거대 <도이체방크>가 이끄는 독일 대은행들과 연결되어 있다. 가령 이 은행들은 "자체" 발판을 갖기 위해 독자적으로, 혹은 조직적으로 루마니아 석유산업을 발전시켰다. 1907년 루마니아 석유산업에 투자된 해외자본은 1억8500만 프랑으로 추산됐는데, 그중 7400만 프랑이 독일 자본이었다.[73]

사실상 경제 문헌에서 사용하는 표현처럼 "세계 분할"을 위한 투쟁이 시작됐다. 한편에서 록펠러의 "석유 트러스트"는 **모든 것**을 손에 넣고 싶어 했다. 그래서 자사의 주적인 <앵글로-더치 셸> 트러스트에게 타격을 입히기 위해 네덜란드에 **다른 곳도 아닌** "자회사"를 설립했고 네덜란드령 동인도에 있는 유전을 싹 사들였다. 다른 한편에서 <도이체방크>와 다른 독일 은행들은 "자신들을 위해" 루마니아를 "보유"하고자 했고, 록펠러에 맞서 루마니아와 러시아를 단결시키고자 했다. 록펠러는 훨씬 더 많은 자본과 훌륭한 석유 운송·유통 체계를 보유했다. 투쟁은 종결되어야 했고 실제로 1907년 <도이체방크>의 철저한 패배로

72 Jeidels, 앞의 책, S. 192~93.
73 Diouritch, 앞의 책, pp. 245~46.

종결됐다. <도이체방크>는 자사의 "석유 이권"을 정리하고 수백만 마르크를 잃든가 아니면 항복하든가 해야 하는 양자택일에 직면했다. <도이체방크>는 항복을 선택했고 록펠러의 "석유 트러스트"와 매우 불리한 협정을 체결했다. <도이체방크>는 "미국의 이권을 손상시킬 수 있는 어떠한 행위도 시도하지 않는다."는 것에 합의했다. 그렇지만 만약 독일에서 석유의 국가 전매법이 제정될 경우 그 협정을 폐기한다는 조항이 들어갔다.

이로 인해 "석유 희극"이 벌어지기 시작했다. 독일 금융왕 중 한 사람이자 <도이체방크>의 이사인 폰 그빈너는 개인 비서인 스타우스를 통해 석유의 국가 전매를 위한 캠페인을 시작했고, 모든 "연줄"을 다 가동했다. 언론은 미국 트러스트의 "멍에"에 맞선 "애국적" 분노로 넘쳐났고, 1911년 3월 15일 제국의회는 거의 만장일치로 정부에 석유 전매 법안을 제출할 것을 요청하는 제안을 채택했다. 정부는 이 "인기 있는" 발상을 받아들였다. 미국 측을 속이고 국가 독점을 통해 자기 사업을 호전시키기를 바란 <도이체방크>의 계략은 승리한 듯 보였다. 독일 석유 거두는 벌써부터 러시아 제당업자들의 이윤보다 결코 나쁘지 않을 막대한 이윤을 상상했다. …… 그러나 첫째, 독일 대은행들은 전리품의 분배를 두고 자기들끼리 싸움을 벌였다. <디스콘토-게젤샤프트>는 <도이체방크>의 탐욕스러운 목적을 폭로했다. 둘째, 정부는 록펠러와의 싸움이 예상되자 겁을 집어먹었다. 독일이 다른 공급원에서 석유를 확실히 획득할 수 있을지는 매우 의심스러웠다(루마니아의 산출량은 얼마 되지 않았다). 셋째, 바로 그때 독일에서 전쟁 준비를 위한 10억 마르크 규모의 1913년도 공채 발행에 대한 투표가 진행됐다. 석유 전매 계획은 연기됐다. 록펠러의 "석유 트러스트"는 당분간 승리한 상태로 투쟁을 마무리했다.

베를린의 평론지 『은행』은 이와 관련하여 독일이 전기 독점을 확립하고 수력을 값싼 전기로 변환함으로써만 미국의 석유 트러스트와 싸울 수 있다고 썼다. "그러나" 저자의 부언에 따르면, "전기 독점은 생산자들이 그것을 필요로 할 때에만, 다시 말해 다음번 전기산업의 대붕괴가 임박했을 때와 시나 국가 등으로부터 일정한 독점 판매권을 이미 획득한 사적 전기 콘체른들이 현재 도처에서 막대한 비용을 들여 건설하고 있는 고가의 대규모 발전소가 더 이상 이윤을 내며 가동될 수 없을 때에만 가능하다. 그렇다면 수력을 이용하지 않을 수 없게 되었지만, 국가 지출을 통해 수력이 값싼 전기로 변화되는 일은 일어나지 않을 것이다. 이 일도 역시 '국가가 통제하는 사적 독점'에 넘겨야 할 것이다. 사적 산업이 이미 일군의 계약을 체결했고 과중한 보상을 조항으로 명문화했기 때문이다. …… 질산염 독점도 마찬가지였고, 석유 독점도 마찬가지이고, 전력 독점 역시 마찬가지일 것이다. 이제는 아름다운 원칙들에 눈이 먼 우리의 국가사회주의자들이 다음 내용을 이해할 때이다. 즉 독일의 독점체들은 그런 목표를 추구해 온 적이 전혀 없다. 또한 그들은 이제껏 소비자에게 혜택을 가져다준 적도 없고, 창업자 이윤 중 일부를 국가에 넘겨주는 일은 더더욱 하지 않았다. 국가의 비용을 가지고 그들은 오직 파산 직전에 있는 사적 산업들의 회복을 돕기 위해서만 일해 왔다."[74]

이것은 독일 부르주아 경제학자들이 실토하지 않을 수 없었던 귀중한

74 *Die Bank*, 1912, 1, S. 1036; 1912, 2, S. 629; 1913, 1, S. 388.

자백이다. 우리는 이 글에서 어떻게 사적 독점체들과 국가 독점체들이 금융자본 시대에 서로 뒤얽혀 있는지를, 그리고 세계 분할을 위한 대독점자들 사이의 제국주의적 투쟁에서 이 둘이 어떻게 개별적 결합을 유지하고 있는지 명백히 보게 된다.

해운업에서 일어난 막대한 집적의 발전 역시 세계 분할로 끝이 났다. 독일에서 2개의 강력한 기업이 전면에 등장했다. <함부르크-아메리카>와 <노르드도이체르 로이드>는 각각 자본 2억 마르크를 (주식과 채권으로) 소유했고, 보유 선박 톤수의 가치는 1억8500만에서 1억8900만 마르크에 달했다. 다른 한편 일찍이 1903년 1월 1일 미국에서 모건 트러스트로 알려진 <국제상선회사>가 설립됐다. 그것은 미국 및 영국 증기선 회사 9개를 하나로 묶은 것으로 자본 1억2천만 달러(4억8천만 마르크)를 보유했다. 1903년, 독일의 거대 기업들과 이 미-영 트러스트는 이윤 분할과 관련된 세계 분할 협정을 체결했다. 독일 기업들은 영미 간 운송을 두고 경쟁하지 않기로 약속했다. 각자에게 어떤 항구가 "할당"될 지도 정확하게 명문화됐다. 합동통제위원회가 수립됐다. 이 협정은 20년 동안 유효하며 전쟁이 발발할 경우 폐기된다는 신중한 조항을 포함시켰다.[75]

<국제 철도 카르텔>의 설립 일화도 매우 교훈적이다. 그러한 카르텔을 설립하려고 한 영국, 벨기에, 독일 철도 제조업자들의 첫 번째 시도는 일찍이 1884년에 이루어졌다. 당시는 심각한 산업불황기였다. 제조업자들은 자기 나라의 국내시장에서는 서로 경쟁하지 않기로 합의했다. 그리고 그들은 해외시장을 다음과 같은 비율대로 분할했다. 영국 66퍼센트, 독일 27퍼센트, 벨기에 7퍼센트. 인도는 모두 영국에게

75 Riesser, 앞의 책, S. 125.

돌아갔다. 카르텔에 들어오지 않은 한 곳의 영국 기업을 향해 합동전이 선포됐다. 전쟁 비용은 모든 매출에 대해 일정 비율의 부과액을 거둬 충당했다. 그러나 카르텔은 1886년 영국 기업 두 곳이 카르텔에서 탈퇴하는 바람에 와해됐다. 그 이후 호황기 동안 협정에 도달할 수 없었다는 점은 특징적이다.

1904년 초 독일 철강 신디케이트가 설립됐다. 1904년 11월 <국제 철도 카르텔>이 부활했다. 비율은 영국 53.5퍼센트, 독일 28.83퍼센트, 벨기에 17.67퍼센트였다. 그후 프랑스가 가입해서, 위의 100퍼센트를 초과하는 비율 중 각각 첫해 4.8퍼센트(가령 총 104.8퍼센트 중), 두 번째 해 5.8퍼센트, 세 번째 해 6.4퍼센트씩을 받았다. 1905년 <미국철강회사>가 카르텔에 들어왔다. 그 다음에는 오스트리아와 스페인이 들어왔다. 포겔슈타인(Theodor Vogelstein)은 1910년 이렇게 썼다. “현재 세계 분할은 완료됐다. 따라서 거대 소비자들, 주로 국영 철도회사들은—세계가 그들의 이해를 고려치 않고 배분됐기 때문에—이제 주피터의 천국에서 사는 시인처럼 생활할 수 있다.”[76]

<국제 아연 신디케이트>에 대해서도 말해보자. 그것은 1909년 설립되어 독일, 벨기에, 프랑스, 스페인, 영국 등 5개국 공장 집단끼리 산출량을 정확하게 할당했다. 그리고 <국제 다이너마이트 트러스트>가 있다. 리프만의 말에 따르면, 그것은 “말하자면 독일의 모든 화약 제조업자들이 맺은 근대적 긴밀한 동맹으로, 유사한 방식으로 조직된 프랑스 및 미국 다이너마이트 제조업자들과 함께 전 세계를 분할했다.”[77]

76 Vogelstein, *Organisationsformen*, S. 100.
77 Liefmann, *Kartelle und Trusts*, 2. A., S. 161.

리프만은 독일이 지분을 가진 국제 카르텔이 1897년에는 도합 40개가량 됐던 반면, 1910년에는 100개가량 됐다고 산정했다.

어떤 부르주아 저술가들은(이제 카를 카우츠키가 이들에게 합류했다. 가령 그는 1909년에만 해도 유지하고 있던 마르크스주의 입장을 완전히 버렸다), 자본의 국제화를 가장 두드러지게 표현하고 있는 것 중 하나인 국제 카르텔들이 자본주의하에서 인민 사이의 평화라는 희망을 가져다준다는 의견을 피력해 왔다. 이론적으로 이 의견은 완전히 터무니없는 것이고, 실천적으로 그것은 궤변이자 최악의 기회주의를 부정직하게 옹호하는 것이다. 국제 카르텔들은 자본주의 독점체가 어느 정도까지 발전했는지, 그리고 다양한 자본가 단체 사이에서 일어나는 투쟁의 **동기**를 보여 준다. 이 마지막 내용이 가장 중요하다. 그것만이 우리에게 일어나고 있는 일의 역사적·경제적 의미를 보여 준다. 투쟁 **형태들**은 다양하고 상대적으로 고유하며 일시적인 원인들에 따라 끊임없이 변화할 수 있고 실제 변화하지만, 투쟁의 **본질**과 그것의 계급적 **내용**은 계급이 존재하는 한 절대 **변화할 수 없기** 때문이다. 이를테면 현재 벌어지는 경제적 투쟁의 **본질**(세계 분할)을 모호하게 하고, 이때는 이런, 저때는 저런 **투쟁** 형태를 강조하는 것은 바로 독일 부르주아지에게 이익이 된다. 카우츠키는 자신의 이론적 논의 과정에서 사실상 이런 독일 부르주아지 편으로 넘어갔다(나는 이 점을 뒤에서 다룰 것이다). 카우츠키는 동일한 오류를 범한다. 물론 우리는 독일 부르주아지뿐 아니라 전 세계 부르주아지를 염두에 두어야 한다. 자본가들이 세계를 분할하는 이유는 특별한 악의가 있어서가 아니라 이제껏 도달한 집적 정도가 그들로 하여금 이윤을 획득하기 위해 이러한 방법을 택하도록 강요하기 때문이다. 그리고 그들은 "자본에 비례하여", "힘에 비례하여" 세계를 분할한다. 상품 생산과 자본주의하에서 이와는 다른 분할 방법이 있을 수 없기 때문이다. 그러나 힘은 경제적, 정치적 발전 정도에 따라 다양하다. 무슨 일이 일어나고 있는지 이해하기 위해서는 어떤 문제가 힘의 변화로 인해 결정되는지 알 필요가 있다. 이러한 변화가 "순수하게" 경제적인 것인지, 아니면 **비**경제적인(가령 군사적인) 것인지의 문제는 부차적인 것이다. 이것은 최근 시대의 자본주의에 대한 기본 관점에 조금도 영향을 줄 수 없다. 자본가 단체들 사이에서 벌이지는 투쟁 및 협정의 **본질**이라는 문제를 투쟁 및 협정의 형태라는 문제(오늘은 평화, 내일은 전쟁, 그다음 날은 다시 전쟁)로 대체하는 것은 궤변가의 역할로 전락하는 것이다.

자본주의의 최근 단계인 이 시대는, 세계의 경제적 분할에 **의거하여** 자본가 단체들 사이에서 일정한 관계가 발생한다는 점을 우리에게 보여준다. 한편 그것과 나란히 존재하면서 서로 연관을 지닌 일정한 관계가 정치적 단체들 사이에서, 국가들 사이에서 발생한다. 이것은 세계의 영토 분할과 식민지 쟁탈전, "영향권 쟁탈전"에 의거한다.

제6장
열강들 사이의 세계 분할

지리학자 주판(Alexander Georg Supan)은[78] 『유럽 식민지의 영토 발전』이란 저서에서 아래 표와 같이 19세기 말 영토 확장에 대한 간략한 개요를 제공했다.

유럽 식민 열강(미국 포함)에 속하는 영토 비율(퍼센트)

	1876년	1900년	증감률
아프리카	10.8	90.4	+ 79.6
폴리네시아	56.8	98.9	+ 42.1
아시아	51.5	56.6	+ 5.1
오스트레일리아	100.0	100.0	—
아메리카	27.5	27.2	- 0.3

그는 이렇게 결론 내린다. "이 시기의 두드러진 특징은 따라서 아프리카와 폴리네시아의 분할이다." 아시아와 아메리카에는 차지하지 못한 영토—다시 말해 어떤 국가에도 귀속되지 않은 영토—가 존재하지

78 A. Supan, *Die territoriale Entwicklung der europäischen Kolonien*, 1906, S. 254.

않기 때문에, 주판의 결론에 부연하자면 검토한 시기의 두드러진 특징은 세계의 최종적 분할이라고 말할 필요가 있다—최종적이라는 말을 썼지만 **재분할**이 불가능하다는 의미는 아니다. 그 반대로 재분할은 가능하고 불가피하다—단지 자본주의국가들의 식민 정책이 우리가 사는 지구에서 차지하지 못했던 영토의 점령을 **완료했다**는 의미이기도 하다. 세계는 처음으로 완전히 분할됐고 따라서 앞으로 재분할**만이** 가능하다. 다시 말해 주인 없는 영토가 주인에게 넘어가는 것이 아니라, 영토는 오직 한 "소유자"에게서 다른 소유자에게 넘어갈 수 있을 뿐이다.

그러므로 우리는 독특한 세계적 식민 정책의 시대를 살고 있다. 이 정책은 "자본주의 발전의 최근 단계", 그리고 금융자본과 가장 밀접하게 연관되어 있다. 이러한 이유에서 무엇보다 우선, 이 시대를 앞선 시대와 구분 짓는 것이 무엇인지, 그리고 현재 상황이 어떠한지 가능한 한 정확하게 알아내기 위해 매우 구체적으로 사실들을 다루는 것이 필수불가결하다. 우선 여기에 사실에 대한 두 가지 질문이 제기된다. 식민 정책의 격화, 식민지 쟁탈전의 첨예화가 금융자본 시대에 정확하게 관찰되는가? 그리고 이 점과 관련하여 세계는 현재 어떻게 분할됐나?

미국인 저술가 모리스(Henry C. Morris)는 식민지의 역사에 관한 저서에서[79] 19세기 여러 시기 동안 영국, 프랑스, 독일의 식민지 소유 현황에 관한 자료를 개괄하려고 시도했다. 다음쪽 표의 내용은 그가 손에 넣은 결과를 개략적으로 요약한 것이다.

79 Henry C. Morris, *The History of Colonisation*, New York, 1900, Vol. II, p. 88; Vol. 1, p. 419; Vol. 11, p. 304.

식민지 소유 현황

단위: 백만 평방마일, 백만 명

연도	영국		프랑스		독일	
	면적	인구	면적	인구	면적	인구
1815~30	?	126.4	0.02	0.5	—	—
1860	2.5	145.1	0.2	3.4	—	—
1880	7.7	267.9	0.7	7.5	—	—
1899	9.3	309.0	3.7	56.4	1.0	14.7

영국의 경우 식민지 정복이 엄청나게 증가한 시기는 1860년과 1880년 사이였다. 그리고 19세기 마지막 20년 동안 매우 많이 증가했다. 프랑스와 독일의 경우 이 20년이 정확히 그런 시기이다. 우리는 앞서 독점 이전의 자본주의, 즉 자유경쟁이 지배했던 자본주의의 발전이 1860년대와 1870년대에 한계에 도달했다는 점을 보았다. 우리는 이제 무시무시한 식민지 정복 "열풍"이 시작하고 세계의 영토 분할을 위한 투쟁이 이례적으로 첨예화된 게 **정확하게 이 시기 이후**라는 점을 보게 된다. 따라서 자본주의가 독점자본주의 단계로, 금융자본으로 이행한 것이 세계 분할을 위한 투쟁이 격렬해진 것과 **관련이 있다**는 점에는 의문의 여지가 없다.

홉슨은 제국주의에 관한 저서에서 1884~1900년을 유럽 주요 국가들의 격렬한 "팽창"기로 명시한다. 그의 평가에 따르면, 영국은 이 시기 동안 5700만 명이 거주하는 370만 평방마일의 영토를 획득했다. 프랑스는 3650만 명이 거주하는 360만 평방마일을, 독일은 1470만 명이 거주하는 100만 평방마일을, 벨기에는 3천만 명이 거주하는

90만 평방마일을, 포르투갈은 900만 명이 거주하는 80만 평방마일을 획득했다. 19세기 말, 특히 1880년대 이후 모든 자본주의국가들이 식민지 쟁탈에 뛰어들었다는 점은 외교사 및 대외정책사에서 이미 널리 알려진 사실이다.

영국에서 자유경쟁이 가장 번성했던 시기, 다시 말해 1840년과 1860년 사이에 영국의 주요한 부르주아 정치인들은 식민 정책에 **반대**했고 식민지 해방 및 식민지가 영국과 완전히 분리되는 것이 불가피하고 바람직하다는 견해를 갖고 있었다. M. 비어는 1898년 발표된 한 논설 「근대 영국의 제국주의」에서[80] 전반적으로 제국주의에 기울어 있던 정치인인 디즈레일리(Benjamin Disraeli)가 1852년에 다음과 같이 선언했다는 사실을 보여 주었다. "식민지는 우리의 목에 씌워진 맷돌이다." 그러나 19세기 말이 되자 당대 영국의 영웅은 세실 로즈(Cecil Rhodes)와 조지프 체임벌린(Joseph Chamberlain)이었다. 이들은 공공연히 제국주의를 지지했고 가장 냉소적 방식으로 제국주의 정책을 적용했다!

그 당시 이러한 영국의 주요 부르주아 정치인들조차도 이른바 근대 제국주의의 순수한 경제적 근원과 사회·정치적 근원 사이의 연관을 알아챘다는 사실을 관찰하는 것은 자못 흥미롭지 않을 수 없다. 체임벌린은 제국주의를 "참되고 현명한 경제정책"이라며 지지했고, 특히 영국이 세계시장에서 맞닥뜨리고 있는 독일, 미국, 벨기에와의 경쟁을 지적했다. 자본가들은 카르텔·신디케이트·트러스트를 설립하면서 이렇게 말했다. 구원은 독점에 있다. 부르주아지의 정치 지도자들은 세계의 아직 나눠 먹지 않은 지역을 허겁지겁 집어삼키며 이렇게 말했다. 구원은

80 *Die Neue Zeit*, XVI, 1, 1898, S. 302.

독점에 있다. 그리고 세실 로즈의 절친인 언론인 스테드가 우리에게 알려주는 바에 따르면, 세실 로즈는 1895년 스테드에게 자신의 제국주의적 견해를 다음의 언어로 표현했다. “나는 어제 런던 이스트앤드(노동자계급 거주지)에 가서 한 실업자 모임에 참석했다. 나는 거친 연설을 들었는데, 그것은 단지 ‘빵!’, ‘빵!’을 요구하는 외침이었다. 그리고 집에 오는 길에 나는 그 장면을 깊이 생각해 보았고 그 어느 때보다도 제국주의의 중요성을 확신하게 됐다. …… 내가 마음에 품은 생각은 사회문제에 대한 해법이다. 다시 말해 연합 왕국에서 사는 4천만 거주자를 피 튀기는 내전에서 구하기 위해, 우리 식민지 정치인들은 과잉 인구가 거주할 수 있고 공장과 광산에서 생산하는 제품의 신규 시장을 제공할 새로운 땅을 손에 넣어야 한다. 내가 항상 말했듯이 제국은 빵과 버터의 문제이다. 만약 여러분이 내전을 피하길 바란다면, 제국주의자가 되어야 한다.”[81]

백만장자이자 금융왕으로 보어전쟁을 일으킨 주된 책임이 있는 세실 로즈가 이런 말을 했던 것이 1895년이었다. 그의 제국주의 옹호는 정말이지 조야하고 냉소적이다. 그러나 본질적으로 이것은 마슬로프 씨, 쥐데쿰 씨, 포트레소프 씨, 다비트 씨, 러시아 마르크스주의의 창시자 등등이 고수하는 “이론”과 그다지 다르지 않다. 세실 로즈는 어찌 보면 좀 더 정직한 사회국수주의자이다.

세계의 영토 분할 및 그와 관련되어 지난 수십 년 동안 일어난 변화들에 대해 가능한 한 정확한 그림을 제시하기 위해, 나는 앞서 인용한 주판의 저서가 제공하는 모든 세계열강들의 식민지 소유에 관한 자료를 활용할 것이다. 주판은 1876년과 1900년을 택했다. 나는

81 위의 책, S. 304.

1876년—매우 적절하게 선택된 연도인데, 서유럽 자본주의 발전에서 독점 이전 단계가 대체로 완료된 때가 정확히 그 당시이기 때문이다—과 1914년을 택할 것이다. 그리고 주판의 수치 대신, 나는 휘브너의 『지리통계표』에 나오는 보다 최근 통계를 인용할 것이다. 주판은 오직 식민지에 대한 수치만 제시했다. 나는 세계 분할에 관한 완벽한 그림을 제시하기 위해서는 비식민지·반식민지 국가들에 대한 간략한 자료를 추가하는 것이 유익하다고 생각한다. 나는 이 범주에 페르시아와 중국, 터키를 포함시켰다. 페르시아는 이미 거의 완전한 식민지가 됐고 중국과 터키는 그렇게 되어 가고 있는 중이다.

따라서 우리는 다음의 결과를 얻는다.

열강의 식민지 소유

단위: 백만 평방킬로미터, 백만 명

	식민지				식민 본국		합계	
	1876년		1914년		1914년		1914년	
	면적	인구	면적	인구	면적	인구	면적	인구
영국	22.5	251.9	33.5	393.5	0.3	46.5	33.8	440.0
러시아	17.0	15.9	17.4	33.2	5.4	136.2	22.8	169.4
프랑스	0.9	6.0	10.6	55.5	0.5	39.6	11.1	95.1
독일	·	·	2.9	12.3	0.5	64.9	3.4	77.2
미국	·	·	0.3	9.7	9.4	97.0	9.7	106.7
일본	·	·	0.3	19.2	0.4	53.0	0.7	72.2
6대 열강 합계	40.4	273.8	65.0	523.4	16.5	437.2	81.5	960.0
다른 열강의 식민지 (벨기에, 네덜란드 등)							9.9	45.3
반식민지 국가 (페르시아, 중국, 터키)							14.5	361.2
기타 국가							28.0	289.9
세계 전체 합계							133.9	1657.0

우리는 이 수치를 통해 20세기 전환기 세계 분할이 얼마만큼이나 "완료"됐는지 명백하게 알게 된다. 1876년 이후 6대 열강의 식민지 소유가 4천만 평방킬로미터에서 6500만 평방킬로미터로 50퍼센트 이상 엄청난 규모로 증가했다. 증가량 2500만 평방킬로미터는 식민 본국 면적(1650만 평방킬로미터)보다도 50퍼센트나 더 큰 것이다. 1876년에 세 열강은 식민지가 없었고, 네 번째 열강 프랑스도 식민지를 거의 갖고 있지 않았다. 1914년이 되자 이 네 열강은 인구가 거의 1억 명에 달하는 1410만 평방킬로미터의 땅, 즉 유럽 면적의 절반 정도를 식민지로 손에 넣었다. 식민지 소유의 팽창 비율에서 보이는 불균등성은 매우 컸다. 예를 들어 그렇게 차이가 나지 않은 국토와 인구를 가진 프랑스, 독일, 일본을 비교해 보면, 우리는 프랑스가 다른 두 나라의 식민지를 합친 것보다 거의 3배나 많은 식민 영토를 획득했다는 점을 알게 된다. 또한 금융자본과 관련하여, 우리가 고찰하고 있는 시기의 초기 단계에 프랑스는 독일과 일본을 합친 것보다 몇 배나 더 부유한 상태였다. 순수한 경제적 조건에 더해, 그리고 그것에 의거하여, 지리학 및 여타 조건들도 역시 식민지 소유 규모에 영향을 미친다. 대규모 산업, 교역, 금융자본이 가한 압력의 결과, 지난 수십 년 동안 세계를 평준화하고 상이한 나라들의 경제 및 생활 조건들을 평준화하는 과정이 아무리 강했다 할지라도, 상당한 차이가 여전히 존재한다. 우리는 위에서 언급한 6개국을 우선 상대적으로 빠르게 진보하고 있는 신흥 자본주의국가들(미국, 독일, 일본), 두 번째로 최근 들어 앞서 언급한 국가들보다 훨씬 더디게 진보해 온 구(舊) 자본주의 발전국들(프랑스, 영국), 세 번째로 근대 자본주의적 제국주의가 말하자면 매우 촘촘한 전(前)자본주의적 관계망 속에 얽혀 있는 경제적으로 가장 후진적인 국가 한 곳(러시아)으로 나누어 볼 수 있다.

열강의 식민지 소유와 더불어, 우리는 소국들의 소규모 식민지를 다뤘다. 그곳은 말하자면 다음번 식민지 "재분할" 대상이 될 가능성이 상당히 높다. 대개 이 소국들이 자국의 식민지를 유지할 수 있었던 이유는 오직 거대 열강들이 이해 충돌과 알력 등으로 분열됐기 때문이다. 이것은 그들로 하여금 전리품 분배에 대한 합의에 도달하는 것을 가로막는다. "반식민지" 국가들의 경우, 자연과 사회 모든 영역에서 발견되는 과도적 형태의 사례를 제공한다. 금융자본은 모든 경제 관계, 모든 국제 관계에서 매우 거대하고 매우 결정적인 힘을 지녀서 가장 완전한 정치적 독립을 누리는 국가들조차 그 자신에게 종속시킬 수 있고 사실상 종속시키고 있다고 여러분은 말할 수 있다. 우리는 이러한 사례를 간략하게 살펴볼 것이다. 물론 금융자본은 종속국 및 종속민이 정치적 독립을 상실한 종속 **형태**가 가장 "편리"하다는 것을 알고 거기서 가장 큰 이윤을 끌어낸다. 이러한 점에서 반식민지 국가들은 "중간 단계"의 전형적 사례를 제공한다. 세계의 다른 곳들이 이미 분할된 금융자본의 시대에, 당연히 이러한 반종속국을 차지하기 위한 투쟁이 특히 치열하게 일어날 수밖에 없다.

식민 정책과 제국주의는 자본주의의 최근 단계 이전에도 존재했고 심지어 자본주의 이전에도 존재했다. 노예제에 기반을 둔 로마는 식민 정책을 추구했고 제국주의를 실행했다. 그러나 사회경제적 구성체들 사이의 근본적 차이를 무시하거나 뒷전에 밀어 놓은 제국주의에 관한 "보통의" 논문들은 「대로마와 대영국」 식의 비유처럼 불가피하게 활기라고는 전혀 없는 진부한 글이나 허풍으로 전락하고 만다.[82] 심지어 자본주의의 **이전** 단계들에서 존재한 자본주의 식민 정책조차 금융자본의 식민 정책과는 본질적으로 다르다.

자본주의의 최근 단계가 보이는 주요 특징은 대기업가들로 이루어진 독점적 단체의 지배이다. 이 독점체들은 **모든** 원자재 공급원이 한 집단의 수중에 들어갈 때 가장 확고하게 확립된다. 그리고 우리는 국제 자본가 단체들이 얼마나 열정적으로 예컨대 철광산, 유전 등을 모조리 사들여 경쟁자들로부터 경쟁 기회를 일체 박탈하는 데 모든 노력을 기울였는지를 살펴보았다. 식민지 소유는 그것 하나만으로도, 상대가 국가 독점 확립 법률로 보호받으려는 경우와 같이 경쟁자들과의 투쟁에서 발생할 수 있는 모든 우발사태를 막아 주는 완전한 보증을 독점체들에게 제공한다. 자본주의가 더욱 발전할수록, 원자재 부족 문제가 더욱 강력하게 다가오고, 경쟁과 전 세계에 걸친 원자재 공급원 탐색이 더욱 격렬해지며, 식민지 획득을 위한 투쟁이 더욱 필사적으로 전개된다.

쉴더의 말마따나, "비록 어떤 이에게는 역설적으로 들릴지 모르지만, 단언컨대 다소 가까운 장래에 식량 부족이 아니라 산업 원자재 부족이 도시 산업 인구의 성장을 방해할 것으로 보인다." 예를 들면, 섬유 산업의 경우 목재(가격이 지속해서 상승하고 있다), 가죽, 원자재의 부족이 악화되고 있다. "제조업자 단체들은 세계 경제 전체에서 농업과 산업 사이의 균형을 만들어 내기 위해 노력하고 있다. 그 사례로 우리는 1904년 설립됐고 여러 중요 산업국들로 이루어진 <국제 면방적업

82 C. P. Lucas, *Greater Rome and Greater Britain*, Oxford, 1912. 혹은 크로머 백작(Evelyn Baring Cromer)의 *Ancient and Modern Imperialism*, London, 1910.

단체 연맹>과 1910년 동일한 방식으로 설립된 <유럽 아마방적업 단체 연맹>을 언급할 수 있다.[83]

물론 부르주아 개량주의자들, 그중에서도 특히 오늘날 카우츠키의 신봉자들은 원자재는 "비용이 많이 들고 위험한" 식민 정책이 아닌 공개시장에서 획득"할 수 있다"고, 그리고 원자재의 공급은 "단순히" 농업의 조건 전반을 개선함으로써 엄청 증가"할 수 있다"고 주장하면서, 이러한 사실들의 중요성을 축소하려고 한다. 그러나 그러한 주장은 제국주의를 위한 변명이자 자본주의를 예쁘게 윤색하려는 시도라 하겠다. 왜냐하면 그것은 자본주의의 최근 단계에 나타나는 주요 특징인 독점을 무시하기 때문이다. 자유 시장은 점점 더 과거의 것이 되어 가고 있다. 독점적 신디케이트와 트러스트는 날이 갈수록 자유 시장을 제한하고 있고, "단순히" 농업의 조건을 개선한다는 것은 대중의 상태를 개선하고 임금을 인상하고 이윤을 감소시키는 것을 의미한다. 감상적 개혁가들의 상상을 제외하면, 식민지 정복이 아닌 대중의 조건에 관심을 가질 트러스트가 대체 어디에 존재하는가?

금융자본은 이미 발견된 원자재 공급원뿐 아니라 잠재적 공급원에도 관심이 있다. 오늘날 기술 발전이 매우 급속하게 일어나고 있고, 새로운 방식의 발명과(이 목적을 위해 대은행은 공학자, 농업 전문가 등으로 이루어진 특별 원정대를 준비할 수 있다.) 자본의 대량 투자로 오늘 쓸모없는 땅이 내일이면 개량될지도 모르기 때문이다. 이것은 광석 시굴, 새로운 원자재 처리·활용 방법 등등에서도 동일하게 적용된다. 따라서 금융자본은 부득불 자신의 영향권과 심지어 실제 영토를 확대하기 위해 애쓰는

83 Schilder, 앞의 책, S. 38~42.

것이다. 트러스트는 자기 자산을 그것의 (실제가 아닌) "잠재적" 이윤과 향후 독점이 가져다줄 성과를 고려하여 그 가치의 두세 배로 계상한다. 이와 마찬가지로 금융자본은 일반적으로 잠재적 원자재 공급원을 고려하고 독립적 영토로 남아 있는 마지막 땅떼기를 차지하거나 이미 분할된 영토를 재분할하기 위한 격렬한 투쟁에서 뒤처질 것을 우려하여, 어떤 곳 어떤 종류의 땅이든 어떤 수단을 써서라도 가능한 한 가장 많이 차지하려고 애를 쓴다.

영국 자본가들은 **자국** 식민지 이집트에서 자라는 면화를 키우기 위해 모든 노력을 다 기울이고 있다(1904년 230만 헥타르의 경작지 중 60만 헥타르, 즉 4분의 1 이상의 땅에서 면화가 재배됐다). 러시아인들은 **자국** 식민지 투르키스탄에서 같은 활동을 하고 있다. 이래야 더 나은 위치에서 자국의 해외 경쟁자들을 패배시키고, 원자재 공급원을 독점하며, 면화 생산과 제조의 **전** 과정이 한 무리의 소유자들 수중에 "결합되고" 집적되는, 보다 경제적이고 수익성 높은 섬유 트러스트를 형성할 수 있을 것이기 때문이다.

자본수출 과정에서 추구하는 이익 역시 식민지 정복을 위한 추진력을 제공한다. 왜냐하면 식민지 시장에서는 경쟁을 제거하고 공급을 보장하고 필요한 "연줄"을 확보하는 따위의 일을 하는 데 독점 방식을 더 용이하게 사용할 수 있기 때문이다(그리고 경우에 따라 그것은 유일하게 사용 가능한 방식이다).

금융자본의 토대 위에서 성장한 비경제적 상부구조, 금융자본의 정치학과 이데올로기는 식민지 정복 열망을 촉진한다. 힐퍼딩의 매우 올바른 지적처럼, "금융자본은 자유를 원하지 않는다. 그것은 지배를 원한다." 그리고 한 프랑스 부르주아 저술가는 이를테면 앞서 인용한 세실 로즈의 견해를 발전시키고 보충하면서, 근대 식민 정책의 경제적 원인에 사회적 원인이 추가되어야 한다고 기술한다. “갈수록 복잡해지는 삶과 노동자 대중뿐 아니라 중간계급을 짓누르는 곤궁 때문에, ‘구문명에 속하는 모든 나라에서 성급함, 초조, 증오가 쌓여 공적 질서를 위협하고 있다. 한정된 계급적 수로에서 쏟아져 나오는 에너지가 국내에서 폭발하는 것을 피하기 위해서는 해외에서 고용이 제공되어야 한다.[84]

우리는 자본주의적 제국주의 시대의 식민 정책에 관해 말하고 있기 때문에, 금융자본과 그것의 대외 정책(세계의 정치적·경제적 분할을 위한 열강의 투쟁을 의미한다.)이 국가 종속의 **과도** 형태를 몇 가지 낳는다는 점을 꼭 말해야 한다. 식민지 소유 국가와 식민지라는 그 자체 두 가지 주요 국가 집단뿐 아니라 정치적·형식적으로 독립을 유지하고 있지만 사실상 이 시대의 전형적인 금융적·외교적 종속망에 걸려든 다양한 형태의 종속국들이 존재한다. 우리는 이미 종속의 한 형태—반식민지—를 언급했다. 또 다른 사례는 아르헨티나이다.

슐체-개페르니츠는 영국 제국주의에 관한 저서에서 다음과 같이 썼다. “남아메리카, 특히 아르헨티나는 런던에 금융적으로 심하게 종속되어 있어서 거의 영국의 상업 식민지라고 묘사되어야만 한다.”[85] 부에노스아이레스 주재 오스트리아-헝가리 영사가 작성한 1909년

84 Wahl, *La France aux colonies*. Henri Russier, *Le Partage de l'Océanie*, Paris, 1905, p. 165에서 인용.

85 Schulze-Gaevernitz, *Britischer Imperialismus und englischer Freihandel zu Beginn des 20-ten Jahrhunderts*, Leipzig, 1906, S. 318. 사르토리우스 폰 발터스하우젠(Sartorius v. Waltershausen)은 *Das volkswirtschaftliche System der Kapitalanlage im Auslande*, Berlin, 1907, S. 46에서 동일한 내용을 말한다.

여러 보고서에 의거해 쉴더는 아르헨티나에 투자된 영국 자본 총액을 87억5천만 프랑으로 평가했다. 영국 금융자본(과 그것의 충실한 "친구"인 외교)이 이를 통해 아르헨티나 부르주아지 및 그 나라의 경제적·정치적 생활 전체를 지배하는 집단들과 얼마나 강력한 관계를 획득했는지 상상하기란 어렵지 않다.

정치적 종속이 수반되는 약간 다른 식의 금융적·외교적 종속 형태는 포르투갈이 보여 준다. 포르투갈은 독립된 주권국가이지만, 사실상 스페인 왕위 계승 전쟁(1701~14년) 이래 200년 이상의 기간 동안 영국의 보호국이었다. 영국은 자국의 경쟁국인 스페인 및 프랑스와의 싸움에서 자국의 위치를 강화하기 위해 포르투갈과 그 식민지를 보호해 왔다. 그 대신 영국은 상업적 특권, 포르투갈과 포르투갈 식민지로 수입되는 제품, 특히 자본에 대한 우대 조건, 포르투갈 항구와 도서 지역, 전신선 등을 이용할 권리 따위를 받았다.[86] 이런 식의 관계는 대국과 소국 사이에서 항상 존재해 왔지만, 자본주의적 제국주의 시대에 들어 일반적인 체제가 된다. 그리고 그것은 전체 "세계 분할" 관계의 일부를 구성하고 세계 금융자본의 활동 사슬을 이루는 고리가 된다.

세계 분할 문제를 마무리 짓기 위해, 나는 다음의 관찰을 추가하고자 한다. 이 문제는 19세기가 끝날 무렵과 20세기 초 스페인-미국 전쟁 이후 미국 문헌, 보어전쟁 이후 영국 문헌에서뿐 아니라 "영국 제국주의"를 "가장 질투 어린" 눈으로 바라보고 체계적으로 이 사실에 대한 자체 평가를 제시한 독일 문헌에서 매우 공공연하고 명료하게 제기됐다. 또한 이 문제는 프랑스 부르주아 문헌에서 부르주아적 관점에서

86 Schilder, 앞의 책, Vol. I, S. 160~61.

생각할 수 있는 것으로는 가장 명료하고 포괄적으로 제기됐다. 역사가 드리오(Jean-Edouard Driault)를 인용해 보도록 하겠다. 그는 자신의 책 『19세기 말 정치·사회 문제』 중 "열강과 세계 분할"이라는 장에서 다음과 같이 썼다. "지난 몇 해 동안, 중국을 제외한 지구상의 모든 자유로운 영토가 유럽과 북아메리카 열강들 차지가 됐다. 이것은 이미 몇 차례의 충돌과 영향권의 변동을 초래했고, 가까운 미래에 보다 끔찍한 격변이 일어날 것임을 예견한다. 서두를 수밖에 없기 때문이다. 아직 자기 것을 마련하지 않은 민족들은 결코 자기 몫을 받지 못하게 되고, 다음 세기[즉 20세기] 가장 본질적 특징 중 하나가 될 지구 전체에 대한 어마어마한 착취에 결코 참여하지 못할 위험에 처한다. 그래서 요즘 유럽과 아메리카 전역이 19세기 말의 가장 두드러진 특징인 식민지 팽창과 '제국주의'라는 열병에 신음하고 있는 것이다." 그리고 저자는 다음 내용을 추가한다. "이러한 세계 분할, 이러한 재물과 지구상의 거대 시장에 대한 맹렬한 추구와 관련하여, 저 19세기에 건설된 제국들의 상대적 힘은 전적으로 그 제국을 건설한 민족이 유럽에서 점하는 위치에 비례한다. 유럽의 지배적 열강들, 유럽 운명의 심판자들이 전 세계에 걸쳐 동등한 힘을 지닌 것이 **아니다**. 따라서 식민지의 힘, 아직 알지도 못하는 부를 지배하겠다는 바람이 유럽 열강들의 상대적 힘에 반작용할 것임이 분명하기 때문에, 이미 유럽 자체의 정치적 조건을 수정해 온 식민지 문제—달리 말하면 '제국주의'— 는 그 조건을 더욱더 수정할 것이다."[87]

87 J. E. Driault, *Problèmes politiques et sociaux*, Paris, 1900, p. 299.

제7장
자본주의의 특수한 단계로서 제국주의

우리는 이제 제국주의라는 주제에 관해 위에서 이야기한 실마리들을 하나로 묶어 요약을 시도해야 한다. 제국주의는 자본주의 일반이 지닌 근본적 특징들의 발전이자 직접적 연속으로써 등장했다. 그러나 자본주의는 그 발전이 일정한 단계, 그리고 매우 높은 단계에 이르러서야, 즉 자본주의의 근본적 특징들 중 일부가 그것의 대립물로 변화하기 시작하고 자본주의에서 더 높은 사회경제 체제로 이행하는 시대의 특징들이 형체를 갖추고 모든 영역에서 스스로를 드러냈을 때에야 비로소 자본주의적 제국주의가 됐다. 경제적으로 이 과정에서 중요한 것은 자본주의적 자유경쟁이 자본주의적 독점으로 대체되는 것이다. 자유경쟁은 자본주의와 상품 생산 일반의 기본적 특징이다. 독점은 자유경쟁의 직접적 대립물이다. 그러나 우리는 자유경쟁이 우리 눈앞에서 독점으로 전환되는 것, 그리하여 대규모 산업이 창출되어 소규모 산업이 퇴출되는 것, 대규모 산업이 훨씬 더 대규모 산업으로 대체되는 것, 카르텔·신디케이트·트러스트와 같은 독점을 성장시켰고 지금도 성장시키고 있을 정도로, 그리고 그것들과 융합한 십수 개 은행자본이 수십억을 조종할 수 있을 정도로 생산과 자본의 집적이 진행되는 것을 살펴보았다. 그렇지만 자유경쟁에서 성장한 독점체들은 자유경쟁을 제거하지 않고, 그것 위에 그것과 나란히 존재하며, 따라서 매우 첨예하고 격렬한 적대, 마찰, 갈등 등을 무수히 일으킨다. 독점은 자본주의에서 더 높은 체제로의 이행이다.

만약 제국주의에 대해 가능한 한 가장 간략한 정의를 제시하는 게 필요하다면, 우리는 제국주의는 자본주의의 독점 단계라고 말해야 할 것이다. 그러한 정의는 가장 중요한 내용을 포함한다. 왜냐하면, 한편으로 금융자본은 산업가들이 만든 독점적 단체들의 자본과 융합한 소수의 거대 독점 은행들의 은행자본이기 때문이며, 다른 한편으로 세계 분할은 어떠한 자본주의 열강도 점유하지 않은 영토를 방해 받지 않고 넓혀 갔던 식민 정책에서 분할이 완료된 지구상 영토를 독점적으로 소유하는 식민 정책으로 이행한 것이기 때문이다.

그러나 매우 간략한 정의는 중요 사항들을 요약한 것이기 때문에 편리하기는 하지만, 불충분한 것이다. 왜냐하면 우리는 그 정의로부터 정의되어야 하는 현상의 특히 중요한 몇몇 특징들을 끌어내야 하기 때문이다. 어떤 현상을 결코 그것의 완전한 발전 속에서, 그것의 모든 연관을 포괄하여 살펴볼 수는 없다는 점에서, 모든 정의는 대체로 제한적이고 상대적인 가치를 지닌다. 이제 우리는 이 점을 망각하지 않으면서, 제국주의에 대한 정의를 제시해야 한다. 그것은 다음의 다섯 가지 기본 특징을 포함할 것이다.

(1) 생산과 자본의 집적이 매우 높은 단계로 발전하여 경제생활에서 결정적 역할을 하는 독점체가 창출된다. (2) 은행자본과 산업자본이

융합하고 이 “금융자본”을 토대로 금융과두제가 형성된다. (3) 상품 수출과는 구분되는 자본수출이 이례적인 중요성을 획득한다. (4) 국제적 독점 자본가 단체가 형성되어 자기들끼리 세계를 나누어 갖는다. (5) 거대 자본주의 열강 사이에서 전 세계 영토 분할이 완료된다. 제국주의는 독점체와 금융자본의 지배가 확립될 정도의 발전 단계에 이른 자본주의이다. 이 단계에서 자본수출은 현저한 중요성을 획득한다. 이 단계에서 국제 트러스트들 사이의 세계 분할이 시작되며 지구상 모든 영토가 거대 자본주의 열강들 사이에 완전히 분할된다.

우리가 기본적이고 순전히 경제적인 개념들—위의 정의는 여기에 머물러 있다—뿐 아니라 자본주의 일반과의 관계에서 이 자본주의 단계가 갖는 역사적 위치, 혹은 제국주의와 노동자계급 운동 내 두 가지 주요 경향 사이의 관계까지 염두에 둔다면, 제국주의는 다르게 정의될 수 있고 정의되어야 한다. 우리는 뒤에서 이 점을 살펴볼 것이다. 지금 언급해야만 하는 내용은 위에서 설명한 것처럼 제국주의가 의심의 여지없이 자본주의 발전의 특수한 단계를 의미한다는 점이다. 독자가 합당한 근거를 갖고 제국주의에 관한 견해를 확립할 수 있도록 해 주기 위해, 나는 일부러 자본주의 경제의 최근 단계와 관련하여 전혀 논쟁의 여지가 없는 사실들을 시인해야만 했던 **부르주아** 경제학자들을 가능한 한 폭넓게 인용하고자 했다. 동일한 목적에서 나는 사람들이 은행자본 등이 어느 정도까지 성장했는지 살펴볼 수 있도록 하기 위해 구체적 통계를 인용했다. 그 속에 양에서 질로 전화, 발전한 자본주의에서 제국주의로 전화가 정확히 표현되어 있었다. 물론 말할 것 없이, 자연과 사회에 존재하는 경계들은 모두 형식적인 것이고 변화 가능한 것이다.

그리고 이를테면 제국주의가 "최종적으로" 몇 년 혹은 몇 십 년대에 확립됐는지 논하는 것은 터무니없는 일이다.

그렇지만 제국주의를 정의하는 문제에서, 우리는 무엇보다 카를 카우츠키와 논쟁에 돌입해야만 한다. 그는 이른바 제2인터내셔널 시대, 다시 말해 1889년에서 1914년까지 25년간 주요 마르크스주의 이론가였다. 우리의 제국주의 정의에서 표현된 근본 견해들은 1915년에, 그리고 심지어 1914년 11월에도 카우츠키의 단호한 공격을 받았다. 당시 그는 이렇게 말했다. 즉 제국주의는 경제의 "국면" 혹은 단계가 아니라 정책으로, 금융자본이 "선호"하는 일정한 정책으로 간주되어야 한다. 제국주의가 "오늘날의 자본주의"로 "동일시" 되어서는 안 된다. 제국주의가 "오늘날의 자본주의의 모든 현상"—카르텔, 보호관세, 금융업자의 지배, 식민 정책—을 뜻하는 것으로 이해된다면, 제국주의가 자본주의에서 필연적인가 하는 질문은 "가장 평면적인 동어반복"이 되는데, 그 경우 "제국주의는 당연히 자본주의의 절대적 필연이 되"기 때문이다, 등등. 카우츠키의 견해를 소개하는 최선의 방법은 제국주의에 관한 그 자신의 정의를 인용하는 것이다. 그것은 내가 이제껏 설명한 견해들의 실제 내용과 정반대의 것이다(이미 여러 해 동안 이와 유사한 견해들을 옹호해 온 독일 마르크스주의자 진영에서 나온 이견들을 카우츠키는 오랫동안 마르크스주의 내부의 특정 경향이 제기한 이견들이라고 이해해 왔기 때문이다).

카우츠키는 다음과 같이 정의한다.

"제국주의는 고도로 발전한 산업자본주의의 산물이다. 그것은 모든 산업자본주의 민족이 계속 더 넓은 **농업**[강조는 카우츠키가 한 것이다.] 영토를, 그곳에 어떤 민족들이 거주하고 있는지 개의치 않고, 자신의 통제하에 두거나 병합하려고 노력하는 것이다.”[88]

이 정의는, 일면적으로, 즉 제멋대로 민족 문제만을 취사선택하고(비록 이 문제가 제국주의와의 관계에서뿐 아니라 그 자체로도 매우 중요하지만), 제멋대로 **부정확하게 오직** 다른 민족을 병합하는 국가들의 산업자본만을 이 문제와 연결시키기 때문에, 전혀 쓸모가 없다.

제국주의는 병합을 추구한다—이것이 카우츠키의 정의가 지닌 **정치적** 요소이다. 이것은 올바른 내용이지만 매우 불충분하다. 정치적으로 제국주의는 대체로 폭력과 반동을 추구하기 때문이다. 그렇지만 당장 우리가 관심을 갖는 것은, 카우츠키가 **스스로 자신의** 정의에 끌어들인 이 문제의 **경제적** 측면이다. 카우츠키의 정의가 가진 부정확성은 역력하다. 제국주의의 두드러진 특징은 산업자본이 **아니라** 금융자본**이다**. 프랑스에서 1880년대 이래로 병합주의 (식민) 정책을 극히 격화시킨 것은 엄밀히 말해 **금융**자본의 이례적인 급격한 발전과 산업자본의 약화였다. 제국주의의 두드러진 특징은 엄밀히 말해 농업 영토**만을** 병합하는 것이 아니라 가장 고도로 산업화된 지역까지 병합하는 것이다(독일은 벨기에를 먹고자 하고 프랑스는 로렌 지역을 먹고자 한다). 그 이유는 다음과 같다. (1) 세계가 이미 분할됐다는 사실은 **재분할**을 염두에 둔 나라들로 하여금 **온갖** 영토에 진출하지 않을 수 없게 만들기 때문이다. (2) 제국주의의 본질적 특징은 패권, 다시 말해 영토의 정복을 추구하는 여러 열강들 사이에서의 경쟁을 의미하기 때문이다. 이 경쟁은 직접적으로 자기 자신을 위한 것이라기보다 상대를 약화시키고

88 *Die Neue Zeit*, 1914, 2 (B. 32), S. 909, 1914년 9월 11일; 참조 1915, 2, S. 107 이하 참고.

상대의 패권을 훼손하기 위한 것이다(독일 입장에서 벨기에는 영국에 대항하는 군사행동의 기지로서 특히 중요성을 지닌다. 영국은 독일에 대항하는 군사행동의 기지로서 바그다드를 필요로 한다, 등등).

카우츠키는 특히—그리고 반복해서—영국 저술가들을 인용한다. 카우츠키가 이해하는 바에 따르면 그들은 "제국주의"란 단어를 순수한 정치적 의미로 제시했다는 것이다. 우리는 1902년에 등장한 영국 저술가 홉슨의 저작 『제국주의』를 가져와 읽어 보도록 하겠다.

"새로운 제국주의는 다음의 이유에서 과거의 것과는 다르다. 첫 번째, 성장일로에 있는 단일 제국의 야망을 경쟁하는 제국들의 이론과 실천으로 대체했다. 각각의 제국은 정치적 강화와 상업적 이득이라는 비슷비슷한 욕망으로 움직인다. 두 번째로 상업 이익이 아닌 금융이나 투자 이익이 지배한다."[89]

우리는 카우츠키가 대체로 영국 저술가들을 완전히 잘못 인용한다는 점을 알 수 있다(그는 기껏해야 영국의 속물 제국주의자나 공공연한 제국주의 옹호론자를 인용할 수 있었을 뿐이다). 카우츠키 자신은 마르크스주의를 계속 옹호하고 있다고 주장하지만, 우리는 그가 사실상 **사회자유주의자** 홉슨과 비교해도 일보 후퇴한 것을 알 수 있다. 홉슨은 근대 제국주의가 지닌 두 가지 "역사적으로 구체적인"(카우츠키의 정의는 역사적 구체성을 우롱하는 것이다!) 특징을 **보다 올바르게** 평가한다. (1) **복수의** 제국주의 사이의 경쟁, (2) 상인에 대한 금융업자의 우위. 만약 제국주의가 주로 산업국이 농업국을 병합하는 문제라면, 상인의 역할이 전면에 나오게 된다.

89 Hobson, *Imperialism*, London, 1902, p. 324.

카우츠키의 정의는 틀리고 비마르크스주의적이기만 한 것이 아니다. 그것은 모든 점에서 마르크스주의 이론, 마르크스주의 실천과 단절하는 견해 체계를 위한 토대로서 봉사한다. 나는 이 점을 뒤에서 논의할 것이다. 자본주의의 최근 단계를 제국주의라고 부를지 금융자본 단계라고 부를지와 관련하여 카우츠키가 내뱉는 말들은 진지하게 다룰 만한 가치가 없는 것이다. 그것을 뭐라고 부르든지 아무런 차이가 없다. 문제의 본질은 카우츠키가 제국주의의 정치학을 그것의 경제학에서 떼어 내고, 병합을 금융자본이 "선호"하는 정책이라고 말하며, 이것을 자신이 동일한 금융자본의 토대 위에서 가능하다고 보는 부르주아의 다른 정책과 대립시킨다는 점에 있다. 따라서 경제에서의 독점이 정치에서의 비독점적, 비폭력적, 비병합적 방법과 양립할 수 있다는 결론이 나온다. 따라서 세계의 영토 분할(바로 지금의 금융자본 시대에 접어들어 완료됐고 현재 거대 자본주의국가들 사이의 경쟁이 취하는 독특한 형태들의 토대가 된다.)과 비제국주의적 정책이 양립할 수 있다는 결론이 나온다. 그 결과 자본주의의 최근 단계가 가진 가장 뿌리 깊은 모순들을 깊이 있게 폭로하는 대신, 그것을 본체만체하고 둔감하게 여기게 된다. 그 결과 부르주아 개량주의가 마르크스주의를 대신한다.

카우츠키는 독일에서 제국주의와 병합을 옹호하는 쿠노와 논쟁에 돌입한다. 쿠노는 꼴사납고 냉소적으로 이렇게 주장한다. 즉 제국주의가 오늘날의 자본주의이다, 자본주의의 발전은 불가피하고 진보적이다, 따라서 우리는 그 앞에 머리를 조아리고 그것을 찬미해야 한다! 이것은 나로드니키가 1894~95년에 러시아 마르크스주의에 반대하며 그려 낸 희화와 닮았다. 그들은 이렇게 주장했다. 즉 자본주의가 러시아에서 불가피하고 진보적이라는 게 마르크스주의자들의 믿음이라면, 그들은 선술집을 열어 자본주의를 이식하는 것부터 착수해야 한다! 쿠노에 대한 카우츠키의 답변은 다음과 같다. 제국주의는 오늘날의 자본주의가 아니다, 그것은 단지 오늘날의 자본주의가 취하는 정책 형태 중 하나일 뿐이다, 따라서 우리는 이 정책에 맞서 제국주의와 병합에 맞서 싸울 수 있고 싸워야 한다, 등등.

답변은 상당히 그럴싸하다. 그러나 이것은 사실상 제국주의와의 화해를 보다 교활하고 보다 위장된 (그래서 더욱 위험한) 방식으로 옹호하는 것이다. 트러스트와 은행의 경제적 토대에 영향을 끼치지 않으면서 트러스트와 은행의 정책에 맞서 "싸우는 것"은 단지 부르주아 개량주의이자 평화주의일 뿐이며, 경건한 바람을 자비롭고 순진하게 표현한 것에 불과하기 때문이다. 현존하는 모순들을 최대한 깊이 있게 폭로하는 대신, 그 모순들을 회피하고 그 중에서도 가장 중요한 모순을 망각하는 것—이것이 카우츠키의 이론이다. 이것은 마르크스주의와 전혀 공통점이 없다. 당연하게도 이러한 "이론"은 오직 쿠노 일당과의 단결을 옹호하려는 목적에 봉사할 수 있을 따름이다!

카우츠키는 이렇게 적는다. "순수한 경제적 관점에서, 자본주의가 언젠가 카르텔의 정책을 대외 정책으로 확장시키는 새로운 단계로, 초제국주의(ultra-imperialism) 단계로 나아가는 것이 불가능하지 않을 것이다."[90] 이것은 다시 말해 초월제국주의(superimperialism) 단계, 전세계 제국주의가 서로 투쟁하지 않고 연합하는 단계, 자본주의하에서

90 *Die Neue Zeit*, 1914, 2 (B. 32), S. 921, 1914년 9월 11일. 참조 1915, 2, S. 107 이하 참고.

전쟁이 사라지게 되는 단계, "국제적으로 단결한 금융자본이 세계를 공동으로 착취"하는 단계이다.[91]

우리는 어떻게 이것이 마르크스주의와 결정적이고 완전하게 단절한 것인지 구체적으로 밝히기 위해, 뒤에서 이 "초제국주의 이론"을 다룰 것이다. 당장은 이 책의 전체 계획을 유지하면서, 이 문제에 관한 정확한 경제 자료들을 검토해야만 한다. "순수한 경제적 관점에서" "초제국주의"는 가능한가? 아니면 그것은 초헛소리인가?

만약 순수한 경제적 관점이 "순수한" 추상을 의미하는 것이라면, 기껏 말할 수 있는 것은 다음 명제로 환원된다. 즉 발전은 독점체로 나아가고 있고, 따라서 단일한 세계 독점으로, 단일한 세계 트러스트로 나아가고 있다. 이것은 논란의 여지가 없다. 그러나 그것은 "발전이" 실험실에서 식량을 제조하는 데로 "나아가고 있다"는 진술만큼이나 완전히 의미 없는 말이기도 하다. 이런 의미에서 초제국주의 "이론"은 "초농업 이론"만큼이나 터무니없는 이론이다.

그렇지만 만약 20세기 전환기에 시작된 역사적으로 구체적인 시대인 금융자본 시대의 "순수한 경제적" 조건들에 관해 토론하고 있다면, "초제국주의"에 관한 의미 없는 추상들(그것들은 전적으로 가장 반동적 목적, 현재의 심각한 적대들을 보지 못하게 주의를 흐트러뜨리는 목적에 이용되고 있다.)에 대해 할 수 있는 최상의 답변은, 그것들을 오늘날 세계 경제의 구체적 경제 현실과 대비하는 것이다. 아무런 의미 없는 카우츠키의 초제국주의에 관한 지껄임은 다른 무엇보다 오직 제국주의의 변호론자들에게나 이익이 되는 매우 잘못된 견해, 다시 말해 금융자본의

91 위의 책, 1915, 1, S. 144, 1915년 4월 30일.

지배가 세계경제에 내재한 불균등성과 모순을 **감소**시킨다는 견해를 조장한다. 그러나 현실에서 금융자본의 지배는 불균등성과 모순을 **증가**시킨다.

R. 칼베르(Richard Calwer)는 자신의 얇은 책 『세계경제개론』에서[92] 20세기 전환기 세계경제의 내적 관계들에 관한 구체적 그림을 얻을 수 있게 해 주는 중요한 순수 경제 자료들을 개괄하는 시도를 했다. 그는 세계를 다음과 같이 다섯 개 "중요 경제지역"으로 분류했다. (1) 중부 유럽(러시아와 영국을 제외한 유럽 전체), (2) 영국, (3) 러시아, (4) 동아시아, (5) 아메리카. 그는 식민지를 소속 국가의 "지역"에 포함시켰고, 아시아의 페르시아, 아프가니스탄, 아라비아, 아프리카의 모로코, 아비시니아 등, 각 지역에 배분되지 않은 몇몇 나라들을 "제외했다."

다음은 해당 지역들에 관해 그가 인용한 경제 자료들을 간략하게 개괄한 것이다.

주요 경제 지역	면적 (백만 킬로미터)	인구 (백만 명)	운수		무역	산업		
			철도 (천 킬로미터)	상선 (백만 톤)	수출입 (십억 마르크)	산출량 (백만 톤)		면방추 개수 (백만 개)
						석탄	철	
1 중부 유럽	27.6 (23.6)	388 (146)	204	8	41	251	15	26
2 영국	28.9 (28.6)	398 (355)	140	11	25	249	9	51
3 러시아	22	131	63	1	3	16	3	7
4 동아시아	12	389	8	1	2	8	0.02	2
5 아메리카	30	148	379	6	14	245	14	19

92 R. Calwer, *Einführung in die Weltwirtschaft*, Berlin, 1906.

우리는 중부 유럽, 영국, 아메리카, 이 세 지역에서 자본주의가 고도로 발전(운송 수단, 무역, 산업이 고도로 발전)했음을 알 수 있다. 이 지역에는 세계를 지배하는 세 국가, 즉 독일, 영국, 미국이 존재한다. 독일이 하찮은 지역과 얼마 안 되는 식민지를 갖고 있기 때문에 이 국가들 사이의 제국주의적 경쟁 및 투쟁이 첨예해졌다. "중부 유럽"의 창출은 여전히 미래의 일이고, 그것은 필사적인 투쟁의 한가운데에서 태어나고 있다. 당장 유럽 전체의 독특한 특징은 정치적 분열이다. 다른 한편, 영국과 아메리카 지역의 경우 정치적 집중도가 매우 고도로 발전했지만, 한쪽의 방대한 식민지와 다른 쪽의 하찮은 식민지 사이에 엄청난 불균형이 존재한다. 하지만 식민지의 경우 자본주의가 이제 막 발전을 시작하고 있다. 남아메리카를 차지하기 위한 투쟁이 더욱더 격심해지고 있다.

러시아와 동아시아라는 자본주의가 거의 발전하지 않은 두 지역이 있다. 전자의 경우 인구가 극히 희박하고, 후자의 경우 인구가 극히 조밀하다. 전자의 경우 정치적 집중도가 높고 후자의 경우에는 그것이 존재하지 않는다. 중국의 분할이 이제 막 시작되고 있고, 중국을 차지하기 위해 벌어지는 일본, 미국 등 사이의 투쟁이 계속 긴장을 증대시키고 있다.

이런 현실—경제적·정치적 조건들의 엄청난 다양성, 각국의 발전 정도에서 나타나는 극단적 불균등성, 제국주의 국가들 사이에서 일어나는 격렬한 투쟁—과 카우츠키의 "평화로운" 초제국주의에 관한 어리석고 시시한 우화와 비교해 보라. 이것이 겁을 집어먹고 험한 현실로부터 도피하려는 속물의 반동적 시도가 아니란 말인가? 카우츠키의 상상에 따르면 "초제국주의"의 배아가 될 것이라는 국제 카르텔들이(실험실에서 알약을 제조하는 것을 두고 배아 상태에 있는 초농업이라고 묘사"할 수 있는" 것과 같은 식으로) 세계 분할**과 재분할**의 사례이자 평화적 분할과 비평화적 분할을 서로 오가는 이행 사례가 아니란 말인가? 예컨대 독일이 국제 철도 신디케이트나 국제 해운 트러스트에 참여하는 가운데 전 세계를 평화롭게 분할했던 미국 및 여타 국가들의 금융자본이 이제 변화하고 있는 새로운 세력 관계에 의거해서 **결코 평화적이지 않은** 방법으로 세계를 **재분할**하는 데 관여하고 있지 않다는 말인가?

금융자본과 트러스트는 세계경제의 다양한 지역들 사이의 성장률 차이를 감소시키는 게 아니라 증가시킨다. 일단 세력 관계가 변화한다면, **자본주의하에서 힘**이 아닌 다른 그 어떤 모순의 해결책이 존재할 수 있겠는가? 철도 통계[93]는 세계경제에서 자본주의와 금융자본의 상이한 성장률에 관한 놀랄 만큼 정확한 자료를 제공한다. 지난 수십 년간의 제국주의적 발전 속에서, 철도의 총연장은 다음과 같이 변화했다.

철도

단위: 천 킬로미터

<table>
<tr><th></th><th colspan="2">1890년</th><th colspan="2">1913년</th><th colspan="2">증가</th></tr>
<tr><td>유럽</td><td colspan="2">224</td><td colspan="2">346</td><td colspan="2">+ 122</td></tr>
<tr><td>미국</td><td colspan="2">268</td><td colspan="2">411</td><td colspan="2">+ 143</td></tr>
<tr><td>식민지 전체</td><td>82</td><td rowspan="2">125</td><td>210</td><td rowspan="2">347</td><td>+ 128</td><td rowspan="2">+ 222</td></tr>
<tr><td>아시아·아메리카의 독립·반독립국</td><td>43</td><td>137</td><td>+ 94</td></tr>
<tr><td>합계</td><td colspan="2">617</td><td colspan="2">1104</td><td colspan="2"></td></tr>
</table>

93 *Statistisches Jahrbuch für das deutsche Reich*, 1915; *Archiv für Eisenbahnwesen*, 1892. 1890년의 여러 나라 식민지들 사이의 철도 분포 관련 사소한 세부 사항은 대략적으로 추정해야 했다.

이처럼 철도의 발전은 식민지와 아시아, 아메리카의 독립(반독립)국에서 가장 급격했다. 이곳에서 우리가 알고 있듯이, 자본주의국가 네다섯 곳의 금융자본이 반박의 여지가 없는 지배권을 행사한다. 식민지와 아시아, 아메리카에 신규 부설된 철도 20만 킬로미터는 높은 수익을 특별히 보장해 주고 철강 제품 등을 수지맞게 주문하는 등, 매우 유리한 조건에 400억 마르크 이상의 자본이 신규 투자되었음을 의미한다.

자본주의는 식민지와 해외 국가에서 가장 빠른 속도로 성장하고 있다. 그중에서 **새로운** 제국주의 열강(예컨대 일본)이 등장하고 있다. 세계 제국주의 사이의 투쟁은 더욱 첨예해지고 있다. 금융자본이 특히 수익이 높은 식민지 및 해외 기업들에서 거둬들이는 공물은 증가하고 있다. 이 "전리품"을 분할할 때 예외적으로 큰 부분이, 생산력 발전 속도 순위에서 항상 정상에 있지는 않은 나라들에게 돌아간다. 해당국 식민지를 포함한 거대 국가들의 철도 총연장은 다음과 같았다.

	1890년	1913년	증가
미국	268	413	+ 145
대영제국	107	208	+ 101
러시아	32	78	+ 46
독일	43	68	+ 25
프랑스	41	63	+ 22
5대 열강 합계	491	830	+ 339

단위: 천 킬로미터

이렇듯, 현재 전체 철도의 80퍼센트가량이 5대 열강의 수중에 집적되어 있다. 그러나 예컨대 프랑스와 영국의 백만장자들은 아메리카, 러시아 및 여타 철도 관련 막대한 양의 주식과 채권을 소유하고 있기 때문에, 이 철도 **소유**의 집적, 금융자본의 집적은 헤아릴 수 없을 정도로 더욱 커진다.

영국은 식민지 덕분에 "자국"의 철도 연장을 10만 킬로미터나 증가시켰다. 이는 독일의 4배이다. 그럼에도 독일의 생산력 발전, 특히 석탄·철산업의 발전이 이 시기 동안—프랑스와 러시아는 말할 것 없고—영국에 비해 비교할 수 없을 만큼 훨씬 빨랐다는 사실은 이제 잘 알려져 있다. 1892년 독일은 490만 톤의 선철을 생산했고, 영국은 680만 톤을 생산했다. 1912년 독일은 1760만 톤을, 영국은 900만 톤을 생산했다. 따라서 독일은 이 분야에서 영국에 대해 압도적 우위를 점했다.[94] 그렇다면 질문을 해 보자. 한편으로 생산력 발전 및 자본 축적과 다른 한편으로 금융자본의 식민지 및 영향권 분할 사이에 존재하는 불균형을 극복하는 데, 전쟁이 아닌 다른 어떤 수단이 **자본주의하에서** 존재할 수 있겠는가?

94 또한 Edgar Crammond, "The Economic Relations of the British and German Empires" in *The Journal of the Royal Statistical Society*, 1914년 7월, p. 777 이하 참고.

제8장
자본주의의 기생성과 부패

우리는 이제 제국주의의 또 다른 중요한 측면에 대해 고찰해야 한다. 이 주제에 대한 대부분의 논의는 일반적으로 이 측면에 충분한 중요성을 부여하지 않았다. 마르크스주의자 힐퍼딩의 결점 중 하나는 그가 이 점과 관련하여 비마르크스주의자 홉슨과 비교해 보았을 때 일보 후퇴했다는 점이다. 내가 언급하려는 것은 바로 제국주의의 특징인 기생성이다.

우리가 봤듯이, 제국주의의 가장 밑바탕에 놓인 경제적 토대는 독점이다. 이것은 자본주의적 독점, 다시 말해 자본주의로부터 성장했고 자본주의, 상품 생산, 경쟁이라는 일반적 환경 속에서 존재하며, 이 일반적 환경과 영속적이고 해결 불가능한 모순 관계에 놓인 독점이다. 그럼에도 불구하고 모든 독점이 그러하듯이 그것은 불가피하게 정체와 부패의 경향을 발생시킨다. 독점가격이 확립된 이래, 기술 동인 그리고 결과적으로 다른 모든 진보의 동인이 일정 정도 소멸되고, 더 나아가 일부러 기술 진보를 지체시키는 **경제적** 가능성이 발생한다. 이를테면, 미국에서 오언스라는 사람이 유리병 제조에 혁명을 일으킬 기계를 발명했다. 독일 유리병 제조 카르텔은 오언스의 특허를 사들였으나,

이것을 활용하지는 않은 채 서류함 속에 처박아 두었다. 당연하게도 자본주의하에서 독점이 세계시장에서 경쟁을 매우 오랜 기간 동안 완벽하게 제거하기란 절대 불가능하다(그리고 덧붙여 말하면, 이것은 초제국주의 이론이 엉터리인 이유 중 하나이다). 당연히 기술 개선을 통해 생산비용 감소, 이윤 증대를 이뤄 낼 가능성은 변화를 일으키는 방향으로 작용한다. 그러나 독점의 특징인 정체와 부패의 **경향**이 계속 작용하여, 일부 산업부문, 일부 국가에서 일정 기간 동안 우세하게 된다.

매우 광대하고 비옥하며 좋은 장소에 위치한 식민지에 대한 독점적 소유권 역시 동일한 방향으로 작용한다.

더 나아가 제국주의는 극소수 국가에 화폐자본이 막대하게 축적되는 것이다. 그 금액은 우리가 봤듯이 증권으로 1천억에서 1500억 프랑에 상당한다. 그로 인해 어떤 계급, 더욱 정확히 금리생활자층, 다시 말해 "이표 절취"로 살아가고 어떠한 사업에도 참여해 본 적이 없으며 무위도식이 직업인 사람들이 엄청나게 성장한다. 제국주의의 가장 본질적인 경제적 토대 중 하나인 자본수출은 금리생활자를 한층 더 완벽하게 생산으로부터 격리하고, 여러 해외 국가 및 식민지의 노동을 착취하여 살아가는 나라 전체에 기생성이라는 인장을 새긴다.

홉슨은 이렇게 썼다. "1893년 해외에 투자된 영국 자본은 연합 왕국 전체 부의 15퍼센트에 상당한다."[95] 나는 독자에게 1915년에 이르러 이 자본이 대략 2.5배 증가했다는 점을 상기시키고자 한다. 더 나아가 홉슨은 이렇게 말한다. "납세자로 하여금 매우 비싼 비용을 치르게 하고 제조업자와 무역업자에게는 거의 무가치한 호전적인 제국주의는

95 Hobson, 앞의 책, pp. 59, 60.

…… 투자자에게 굉장한 이득을 가져다주는 원천이다. …… R. 기펜 경의 평가에 따르면, 영국이 대외 및 대식민지 무역, 수입, 수출 전체를 중개하여 벌어들이는 연간 수입은 1899년 1800만 파운드(약 1억7천만 루블)로, 거래액 8억 파운드 중 2.5퍼센트를 가져간다." 이 총액이 아무리 대단할지라도, 그것은 영국의 호전적 제국주의를 설명할 수 없다. 그것을 설명하는 것은 "투자된" 자본에서 나온 9천만 파운드에서 1억 파운드에 달하는 수입으로, 이것은 금리생활자의 수입이기도 하다.

금리생활자의 수입은 세계 최대 "무역"국의 대외무역에서 거둬들이는 수입보다 **5배나 더 크다**! 이것이 제국주의와 제국주의적 기생성의 본질이다.

이러한 이유에서 "금리생활자 국가(Rentnerstaat)", 혹은 고리대업자 국가라는 용어가 제국주의를 다루는 경제 문헌에서 공통적으로 사용되고 있다. 세계는 한 줌 고리대업자 국가들과 막대한 다수의 채무국으로 분할됐다. 슐체-개페르니츠의 말에 따르면, "해외 투자 목록의 맨 위에 정치적 종속국 및 동맹국 지위에 있는 나라들이 존재한다. 영국은 이집트, 일본, 중국, 남아메리카에 차관을 공여한다. 영국 해군은 이곳에서 필요한 경우 집행관의 직분을 수행한다. 영국의 정치권력은 채무국의 분노로부터 자국을 보호한다."[96] 사르토리우스 폰 발터스하우젠(Sartorius von Waltershausen)은 자신의 책 『해외 자본 투자의 국민경제 체제』에서 네덜란드를 "금리생활자 국가"의 전형으로 언급한 후, 영국과 프랑스가 지금 그렇게 변하고 있다고 지적한다.[97] 쉴더는 영국, 프랑스, 독일, 벨기에,

96 Schulze-Gaevernitz, *Britischer Imperialismus*, S. 320 이하 참고.

97 Sartorius von Waltershausen, *Das volkswirtschaftliche System*, etc., Berlin, 1907, Buch IV.

스위스 등 5개국이 "채권국이라고 명확하게 단언"할 수 있게 됐다는 의견을 피력한다. 그는 "산업이 별로 발전하지 않았다."는 이유를 들어 네덜란드를 이 목록에 포함시키지 않는다.[98] 미국은 아메리카 대륙의 국가들에 대해서만 채권국이다.

슐체-개페르니츠의 말에 따르면, "영국이 점차 산업국에서 채권국으로 전환되고 있다. 산업 산출의 절대적 증가와 제조업 제품의 수출에도 불구하고, 국민경제 전체에서 이자와 배당에서 나오는 수입, 증권 발행, 중개료, 투기의 상대적 중요성이 증가한다. 내 생각으로는, 제국주의가 우세하게 된 경제적 토대가 정확히 이것이다. 판매자가 구매자에게 들러붙는 것 이상으로 채권자는 채무자에게 단단하게 들러붙는다."[99] 독일과 관련해, 베를린에서 나오는 『은행』의 발행인 란스부르그는 1911년 「독일—금리생활자 국가」라는 제목의 논설에서 다음과 같이 썼다. "독일 사람들은 프랑스에서 관찰되는 금리생활자에 대한 동경을 비웃을 준비가 되어 있다. 그러나 그들은 부르주아지에 관한 한 독일의 상황이 더욱더 프랑스의 상황과 닮아 가고 있다는 점을 망각한다."[100]

금리생활자 국가는 기생적이고 부패한 자본주의국가이다. 이런 상황은 일반적으로는 관련국의 모든 사회·정치적 조건에, 특수하게는 노동자계급 운동 내의 두 가지 근본 경향에 영향을 주지 않을 수 없다. 이 점을 가능한 한 가장 명료한 방식으로 보여 주기 위해, 나는 홉슨을 인용하도록 하겠다. 그는 마르크스주의 교리에 기울어 있다는 의심을

98 Schilder, 앞의 책, S. 393.
99 Schulze-Gaevernitz, 앞의 책, S. 122.
100 *Die Bank*, 1911, 1, S. 10~11.

받을 수 없기 때문에 가장 믿음직한 증인이고, 다른 한편으로 식민지, 금융자본, 제국주의 경험이 가장 풍부한 나라의 상황에 매우 정통한 영국인이다.

홉슨은 자기 기억 속에 생생한 보어전쟁을 가지고 제국주의와 "금융업자"의 이해, 계약·공급 따위를 통한 그들의 이윤 증가 사이에 존재하는 관계를 묘사했다. 그리고 다음과 같이 썼다. "이렇게 명백히 기생적인 정책의 연출가들이 자본가인 것은 맞지만, 노동자 중 특수한 층에서도 동일한 정책 동기가 호소력을 갖는다. 많은 도시에서 가장 중요한 직종들이 정부 고용 및 계약에 의존한다. 금속·조선 중심국의 제국주의는 적잖게 이런 사실 탓으로 볼 수 있다." 이 저자의 의견에 따르면 두 가지 상황이 구 제국들의 권력을 약화시켰다. (1) "경제적 기생성", (2) 종속민들로부터 징집된 군대 편제. "첫 번째로 경제적 기생성이라는 성질이 있는데, 이것을 통해 지배 국가는 자국의 지배계급을 부유하게 만들고 하층계급을 매수하여 동의를 이끌어내기 위해 지방과 식민지, 종속국을 이용해 왔다." 그리고 나는 그 형태가 어떠한 것일지라도 그러한 매수가 경제적으로 가능하려면 높은 독점이윤이 필요하다는 점을 부언하고자 한다.

두 번째 상황과 관련해 홉슨은 다음과 같이 쓴다. "제국주의의 맹목성을 보여 주는 가장 강력한 징후들 중 하나는 대영제국, 프랑스, 그리고 제국으로 존재하는 다른 민족들이 이렇게 위험한 의존에 편승하면서도 분별없이 냉담한 모습을 보여 주고 있다는 점이다. 우리가 인도 제국에게 승리한 대부분의 전투는 원주민들이 수행했다. 보다 근래에 이집트에서 그랬던 것처럼, 인도에는 영국의 지휘관들 휘하에 엄청난 상비군이 존재한다. 남아프리카 지역을 뺀 우리의 아프리카 영토와 연관된 거의 모든 전투는 우리를 대신해 원주민들이 수행했다."

홉슨은 중국 분할 전망에 관해 다음과 같은 경제적 평가를 제시한다. "그렇게 되면, 서유럽의 더 많은 지역이 오늘날 이미 잉글랜드 남부 지역의 농촌, 리비에라 및 이탈리아와 스위스에 있는 관광 지대나 주택 지대가 보여 주고 있는 모습과 성격을 띠게 될지도 모른다. 이곳은 극동으로부터 배당금과 연금을 거두어들이는 극소수 부유한 귀족 집단, 이와 함께 그보다는 더 많은 수의 전문적 종복 및 소상인 집단, 그리고 운송 업무 및 쉽게 변질되는 제품들의 최종 생산단계에 종사하는 더 많은 노동자와 하인 무리로 이루어진 소규모 집단 거주지이다. 모든 주요 기간산업은 사라져 버리고, 아시아와 아프리카로부터 주식량과 제조업 제품까지 공물로 유입될 것이다. …… 우리는 서유럽 국가들의 더욱 큰 동맹, 즉 일종의 유럽 열강 연합의 가능성까지 예견해 왔다. 이것은 곧 세계 문명의 대의로 나아가기는커녕 서유럽의 기생성이라는 거대한 위험을 초래할 수 있는 선진 산업국 집단이다. 거기에서 상층계급들은 아시아, 아프리카로부터 막대한 공물을 거두어들이며, 이것으로 이제 더 이상 농업과 공업의 주요 산업에 종사하지 않고 새로운 금융 귀족의 지배하에서 개인적 또는 부차적 산업 서비스를 수행하는 수많은 비굴한 종복들을 유지한다. 이러한 이론[전망이라고 말해야 옳을 것이지만]을 과도한 고찰이라고 코웃음 치는 사람이 있다면, 이미 이러한 상태에 빠져 버린 오늘날 남부 잉글랜드의 경제적, 사회적 조건을 살펴보라. 또한 중국을 금융업자, 투자자, 정치·기업 관료 등과 같은 집단의 경제적 지배에 종속시킴으로써 이러한 체제가 엄청나게 확장될 가능성이 있다는 점을 생각해 보라. 이는 세계 역사상 가장 커다란 이윤의 잠재적 저수지에서 퍼낸 이윤을 유럽에서 소비하는 것이 된다. 물론 사태가 너무 복잡하고 세계 여러 세력들의 움직임도 예측하기 매우 어렵기 때문에, 미래에 대해 이러한 해석 또는 다른 어떤 유일한 해석밖에 있을 수 없다고 단정 지을 수는 없다. 그러나 오늘날 서유럽의 제국주의를 좌우하고 있는 영향력들이 이 방향으로 움직이고 있으며, 이에 대한 저항이나 방향 전환이 없는 한 대략 그와 비슷한 결말을 향해 나아갈 것이다."[101]

저자의 말이 확실히 옳다. **만약** 제국주의 세력들에 대해 반작용이 가해지지 않았다면, 그들은 정확히 홉슨이 묘사한 내용대로 나아갔을 것이다. 그는 현재의 제국주의 상황에서 "유럽합중국"의 의미를 정확히 평가한 것이다. 그렇지만 그는, 노동자계급 운동 **내에서도** 대부분 국가에서 잠시나마 승리하고 있는 기회주의자들이 바로 이러한 방향으로 체계적이고 흔들림 없이 "활동하고" 있다는 사실을 추가했어야 했다. 세계 분할과 중국만이 아닌 다른 나라들에 대한 착취를 의미하고, 한 줌의 매우 부유한 나라들을 위한 높은 독점이윤을 의미하는 제국주의는 프롤레타리아트 상층에 대한 매수를 경제적으로 가능하게 만들며, 그것을 통해 기회주의를 육성하고, 구체화하며, 강화한다. 하지만 우리는 제국주의 일반, 특수하게는 기회주의에 대해 반작용하는 세력들을 시야에서 놓쳐서는 안 된다. 당연히 사회자유주의자인 홉슨은 이 세력들을 인식할 수 없다.

한때 제국주의를 옹호하다가 당에서 제명당했지만 지금은 이른바 독일 "사회민주"당의 지도자로서 손색이 없는 독일의 기회주의자 게르하르트 힐데브란트(Gerhard Hildebrand)는 홉슨을 훌륭하게 보충했다. 그는

101 Hobson, 앞의 책, pp. 103, 205, 144, 335, 386.

(러시아는 제외한) “서유럽 합중국”을 지지했고, 그것의 목적은 아프리카 흑인에 맞선, “대(大)이슬람 운동”에 맞선, “강한 육해군”을 유지하기 위한, “중일 연합”에 맞선 …… “공동” 행동이었다,[102] 등등.

슐체-개페르니츠의 책에 나오는 “영국 제국주의”에 대한 묘사는 마찬가지로 기생적 특징을 드러낸다. 영국의 국민소득은 1865년에서 1898년까지 대략 2배가 됐다. 반면 “해외에서 벌어들인” 소득은 같은 기간 **9배**가 됐다. 제국주의의 “공로”가 “흑인에게 일하는 습관을 훈련시킨” 것이라면(강압 없이는 해낼 수 없는 일이다), 제국주의의 “위험성”은 “유럽이 육체적 수고라는 짐—처음에는 농업 및 광산 노동, 그다음에는 보다 거친 공업 노동—을 유색인종에게 이전시킬 것이고, 스스로 금리생활자 역할에 만족하면서 아마도 이런 방식으로 유색인종의 경제적, 더 나아가 정치적 해방을 위한 길을 닦을 것”이라는 점에 있다.

잉글랜드에서는 경작되지 않고 스포츠나 부자들의 오락에 사용되는 토지 비율이 점차 늘어나고 있다. 스코틀랜드—사냥과 여타 스포츠가 성행하는 가장 귀족적인 지역—의 경우, “과거와 카네기 씨(미국의 백만장자) 덕으로 살아간다.”는 말이 있다. 잉글랜드는 경마와 여우 사냥에만 연간 1400만 파운드(거의 1억3천만 루블)를 허비한다. 잉글랜드 금리생활자의 수는 대략 100만 명에 이른다. 전체 인구 중 생산적인 일에 고용된 인구 비율은 다음쪽 표와 같이 감소하고 있다.

102 Gerhard Hildebrand, *Die Erschütterung der Industrieherrschaft und des Industriesozialismus*, 1910, S. 229 이하 참고.

	잉글랜드·웨일즈 인구 (백만 명)	기초산업 노동자 수 (백만 명)	전체 인구 대비 비율 (퍼센트)
1851년	17.9	4.1	23
1901년	32.5	4.9	15

게다가 "20세기 초 영국 제국주의"를 탐구하던 이 부르주아 학자는 영국 노동자계급에 대해 말하면서 노동자의 "**상층**"과 "**진정한 프롤레타리아트인 하층**"을 체계적으로 구분하지 않을 수 없었다. 협동조합 조합원, 직능별 노동조합 조합원, 스포츠클럽 회원, 다양한 종파의 신도들 대부분이 상층으로 구성되어 있다. 선거제도는 이 층에 맞춰져 있어서, 영국에서는 여전히 "**진정한 프롤레타리아트인 하층을 배제하기에 충분할 정도로 제한되어 있다**!" 영국 노동자계급의 상태를 장밋빛으로 보여 주기 위해, 오직 이 상층—프롤레타리아트 중 소수에 불과하다—만이 통상적으로 이야기된다. 이를테면, "실업 문제는 주로 런던의 문제이고 **프롤레타리아트 하층의 문제**인데, **정치인들은 그들을 별로 중요시하지 않는다**. ……"[103] 그는 이렇게 말했어야 했다. 즉 부르주아 정치인들과 "사회주의적" 기회주의자들은 그들을 별로 중요시하지 않는다고 말이다.

내가 묘사하고 있는 사실들과 관련된 제국주의의 고유한 특징 중 하나는 제국주의 국가들을 떠나는 이민이 감소하고 저임금을 받는 보다 후진적인 국가에서 제국주의 국가로 옮겨 가는 이민이 증가한다는 점이다. 홉슨이 관찰한 바에 따르면, 영국의 이출민은 1884년 이래 감소해 왔다. 그해 이출민 수는 24만2천 명인 반면, 1900년 그 수는 16만9천 명이었다. 독일의

103 Schulze-Gaevernitz, *Britischer Imperialismus*, S. 301.

이출민은 1881년과 1890년 사이 최고점에 이르렀는데, 이출민 총수는 145만3천 명이었다. 그 후 20년 동안 이출민 총수는 54만4천 명과 34만1천 명으로 하락했다. 반면 오스트리아, 이탈리아, 러시아 및 여타 국가들에서 독일로 유입한 노동자 수는 증가했다. 1907년 인구조사에 따르면, 독일에는 외국인이 134만2294명 거주했는데, 그중 44만800명은 산업 노동자였고 25만7329명은 농업 노동자였다.[104] 프랑스의 경우 광업에 고용된 노동자는 폴란드인, 이탈리아인, 스페인인 등 "대다수" 외국인이다.[105] 미국의 경우 동유럽과 남유럽에서 온 이민자는 임금을 가장 박하게 받는 일자리에 종사하는 반면 미국인 노동자는 관리자나 임금을 보다 많이 받는 노동자들 중에서 가장 높은 비율을 차지한다.[106] 제국주의는 노동자 사이에서도 특권적 부문을 만들어 내고 그들을 광범위한 프롤레타리아트 대중으로부터 분리시키는 경향을 갖는다.

영국에서는 노동자들을 분열시키고, 노동자들 사이에서 기회주의를 강화하고, 노동자계급 운동의 일시적 쇠퇴를 야기하는 제국주의 경향이 19세기 말과 20세기 초가 아닌 그보다 훨씬 더 이른 시기에 나타났다는 점을 지적하지 않을 수 없다. 제국주의의 두 가지 두드러진 중요 특징—방대한 식민지 보유와 세계시장에서의 독점적 지위—이 이미 19세기 중반 영국에서 관찰됐다. 마르크스와 엥겔스는 수십 년 동안 노동자계급 운동 내 기회주의와 영국 자본주의의 제국주의적 특징들 사이에 존재하는 이러한 연관성을 체계적으로 추적했다. 예컨대 1858년 10월 7일, 엥겔스는 마르크스에게 이렇게 썼다. "영국 프롤레타리아트는

104 *Statistik des Deutschen Reichs*, Bd. 211.

105 Henger, *Die Kapitalsanlage der Franzosen*, Stuttgart, 1913.

106 Hourwich, *Immigration and Labour*, New York, 1913.

사실상 점점 더 부르주아가 되어 가고 있어서, 모든 민족 중에서 가장 부르주아적인 이 민족은, 부르주아지와 **나란히**, 부르주아적 귀족과 부르주아적 프롤레타리아트를 보유하는 것을 궁극적인 목표로 삼고 있네. 전 세계를 착취하는 민족으로서는 물론 이것이 어느 정도 당연한 것이네." 거의 사반세기가 지난 후인 1881년 8월 11일자 편지에서, 엥겔스는 "부르주아지에게 자기를 팔아먹었거나, 혹은 적어도 돈을 받아먹은 사람들이 조직을 지도하도록 허용한 가장 저열한 영국의 노동조합"에 관해 말한다. 카우츠키에게 보낸 1882년 9월 12일자 편지에서 엥겔스는 이렇게 썼다. "자네는 나에게 영국 노동자들이 식민 정책에 관해 어떻게 생각하는지 물었지. 글쎄, 그것은 영국 노동자들이 정치 일반에 대해서 생각하는 것과 정확히 동일하네. 이곳에는 노동자 정당이란 없고, 단지 보수당과 자유주의-급진당만이 있을 뿐이야. 그리고 노동자들은 영국이 세계시장과 식민지에 대해 이뤄 낸 독점의 향연을 호사스럽게 나누고 있다네."[107] (엥겔스는 1892년 세상에 나온『영국 노동계급의 상황』제2판 서문에서 동일한 견해를 피력했다.)

이것은 원인과 결과를 명백하게 보여 준다. 원인은 다음과 같다. (1) 영국이 전 세계를 착취한다는 점, (2) 세계시장에서 영국의 독점적 지위, (3) 영국의 식민지 독점. 결과는 다음과 같다. (1) 영국 프롤레타리아트 가운데 한 부문의 부르주아화. (2) 프롤레타리아트의 한 부문이 부르주아지에게 매수됐거나 적어도 돈을 받아먹은 사람들이 조직을 지도하도록 허용한다. 20세기 초의 제국주의는 한 줌 국가들 사이에서

107 Briefwechsel von Marx und Engels, Bd. II, S. 290; 1V, 433—Karl Kautsky, *Sozialismus und Kolonialpolitik*, Berlin, 1907, S. 79. 이 소책자는 카우츠키가 여전히 마르크스주의자였던 아득히 먼 옛날 저술한 것이다.

세계 분할을 완료했다. 1858년 영국이 착취했던 것보다는 다소 작지만, 오늘날 이 국가들은 각각 "전 세계"의 일부분을 착취(초과이윤을 끌어온다는 의미)한다. 이들 각각은 트러스트, 카르텔, 금융자본, 채권·채무 관계 덕분에 세계시장에서 독점적 지위를 점한다. 이들 각각은 어느 정도 식민지 독점을 향유한다(우리가 보았듯이 **전체** 식민지를 구성하는 7500만 평방킬로미터 중 **6500만** 평방킬로미터, 즉 86퍼센트를 6개 열강이 보유한다. 또한 **6100만** 평방킬로미터, 즉 81퍼센트를 3개 열강이 보유한다).

현재 상황의 독특한 특징은 기회주의와 노동자계급 운동의 일반적이고 지극히 중요한 이해 사이에 놓인 화해 불가능성이 증가하지 않을 수 없는 다음과 같은 경제적·정치적 조건들이 우세해진다는 점이다. 즉 제국주의가 맹아 상태에서 지배적인 체제로 성장하게 된다. 자본주의적 독점이 경제와 정치에서 첫 번째 지위를 차지한다. 세계 분할이 완료된다. 다른 한편 영국의 완전한 독점 대신 우리는 몇 안 되는 제국주의 열강들이 이 독점을 나누어 가질 권리를 요구하며 다투고 있는 것을 목도하는데, 이 투쟁은 20세기 초반기 전체의 특징이다. 기회주의는 이제 19세기 후반기 영국에서 그랬던 것과 같이 수십 년 동안 한 나라의 노동자계급 운동 내에서 완전한 승리를 구가할 수는 없다. 그러나 몇몇 나라에서 그것은 무르익고, 너무 익어서, 그래서 썩을 정도로 성장했고, "사회국수주의" 형태로 부르주아 정책에 완전히 융합되고 말았다.[108]

108 러시아 사회국수주의는 포트레소프, 치헨켈리, 마슬로프 등에 의해 대변되는 공공연한 형태와 은밀한 형태로(치헤이제, 스코벨레프, 악셀로드, 마르토프 등) 나뉘는데, 마찬가지로 기회주의의 러시아 변종, 다시 말해 청산주의로부터 출현했다.

제9장
제국주의 비판

제국주의 비판이라 할 때, 이 말을 폭넓은 의미로 쓴다면, 그것은 제국주의 정책에 대해 사회의 상이한 계급들이 자신이 가진 일반적 이데올로기와의 연관 속에서 취하는 태도를 의미한다.

엄청난 규모의 금융자본이 소수의 수중에 집적되어, 한편에서는 중소 자본가뿐 아니라 영세 자본가 및 영세 장인 들을 종속시키는 대단히 조밀하고 광범위한 관계망과 연줄망을, 다른 한편에서는 세계를 분할하고 다른 나라들을 지배하기 위해 다른 민족국가의 여러 금융업자 집단에 맞서 감행하는 점점 더 격렬해지는 투쟁을 만들어 낸다. 금융자본은 소유 계급이 제국주의 편으로 완전히 넘어가게 만든다. 제국주의의 전도유망함에 대한 "보편적" 열정, 그것에 대한 맹렬한 옹호, 그것을 가장 아름다운 색깔로 채색하는 것—이러한 것이 이 시대의 징표이다. 제국주의 이데올로기는 노동자계급에도 침투한다. 만리장성이 있다 해도 그것을 다른 계급들로부터 분리시키지 못한다. 오늘날 이른바 독일 "사회민주"당의 지도자들은 "사회제국주의자"라고 적절하게 불린다. 다시 말해 말로는 사회주의자, 행동은 제국주의자라는 것이다. 그러나 벌써 1902년에 홉슨은 영국에서 기회주의적 페이비언 협회에 소속된 "페이비언 제국주의자"의 존재를 언급했다.

부르주아 학자들과 공론가들은 대개 다소 베일에 감춰진 형태로 제국주의를 옹호한다. 그들은 제국주의의 완전한 지배를 그리고 제국주의의 저 깊은 뿌리를 모호하게 만들고, 특수하고 부차적인 세부 사항을 전면에 내세우려고 하며, 트러스트나 은행에 대한 경찰 감독 따위와 같은 완전히 우스꽝스러운 "개혁" 계획을 이용해 본질적인 내용으로부터 주의를 분산하기 위해 최선을 다한다. 제국주의의 근본 특징들을 개혁한다는 생각이 터무니없다는 점을 인정할 만큼 용기를 가진 냉소적이고 솔직한 제국주의자를 보기란 매우 드문 일이다.

여기 한 가지 사례가 있다. 독일 제국주의자들은 『세계 경제 서고(Archives of World Economy)』라는 잡지에서 식민지, 특히 독일이 보유하지 않은 식민지의 민족해방운동을 추적하는 일을 시도한다. 그들은 인도의 불온한 상황과 항의 운동, 나탈(남아프리카)과 네덜란드령 동인도 등의 운동을 언급한다. 그중 하나는 다양한 종속 민족 및 인종의 대표들과 외세의 지배하에 있는 아시아·아프리카·유럽의 인민 대표들이 1910년 6월 28~30일에 개최한 한 회의에 관한 영국의 보고서를 논평했다. 그 글은 이 회의에서 나온 연설들을 평가하면서 다음과 같이 썼다. "우리는 이런 말을 듣는다. 즉 우리는 제국주의와 싸워야 한다, 지배하는 국가들은 종속민의 독립할 권리를 인정해야 한다, 국제재판소는 거대 열강과 약소 인민 사이에서 체결된 조약들의 이행을 감독해야 한다. 그들은 이러한 경건한 바람들을 표현하는 것 이상으로 더 나아가지 않는다. 우리는 제국주의가 현재 형태의 자본주의와 떼려야 뗄 수 없을 정도로 결합되어 있으며, 따라서[!!] 제국주의에 맞선 공공연한 투쟁은 어쩌면 특히 제국주의의 추악한 과잉에 맞선 항의로 제한되지 않는다면 가망이 없을 것이라는 사실을 이해하고 있다는 흔적은 발견하지 못한다."[109] 제국주의의 토대를 개혁하는 것이 사기이고 "경건한 바람"이기 때문에, 피억압 민족의 부르주아 대표가 "더" 전진하지 않기 때문에, 억압 민족의 부르주아 대표는 "과학적"이라는 주장을 핑계 삼아 제국주의에 대한 굴종으로 "더" **후진**한다. 이 또한 "논리"이기는 하다!

제국주의의 토대를 개혁하는 게 가능한지, 제국주의가 발생시킨 적대들을 더욱 격화하고 심화하기 위해 전진해야 하는지 아니면 이 적대들을 완화하기 위해 뒤로 물러서야 하는지 따위의 문제는 제국주의 비판에서 근본적인 문제이다. 제국주의 특유의 정치적 특징들이 모든 곳에서 반발을 일으키고 금융과두제의 억압과 경쟁 제거로 인해 민족 억압을 증가시키기 때문에, 제국주의에 대한 소부르주아 민주주의 반대파가 20세기 초 거의 모든 제국주의 국가에서 등장했다. 카우츠키는 그 경제적 토대에서 보면 실로 반동적인 이 소부르주아 개량주의 반대파에 대해 애써 반대하지도 않았고 반대할 수도 없었을 뿐 아니라, 실제로는 그것과 융합됐다. 그리고 정확히 이러한 이유에서 카우츠키, 그리고 폭넓게 퍼져 있는 국제적 카우츠키주의 경향이 마르크스주의를 버렸다고 하는 것이다.

미국의 경우, 1898년 스페인을 상대로 수행한 제국주의 전쟁은 "반제국주의자들"의 반대를 불러일으켰다. 부르주아 민주주의 최후의 모히칸족인 이들은 해외 영토 병합을 헌법 위반으로 간주하여 이 전쟁을

109 *Weltwirtschaffliches Archiv*, Bd. II, S. 193.

"범죄"라고 선언했고, 필리핀인 지도자 아기날도(Emilio Aguinaldo)에 대한 대우(미국인들은 그에게 필리핀 독립을 약속했지만 그 후 군대를 상륙시켜 필리핀을 병합했다.)가 "주전론자의 배신 행위"라고 선언했다. 그리고 다음과 같이 링컨의 말을 인용했다. "백인이 스스로 통치할 때, 그것은 자치이다. 그러나 그가 스스로를 통치하고 다른 사람도 통치할 때 그것은 더 이상 자치가 아니다. 그것은 전제이다."[110] 그러나 이 모든 비판은 제국주의와 트러스트 사이의, 제국주의와 자본주의의 토대 사이의 끊을 수 없는 유대를 인식하지 못하고 주춤했고 게다가 대규모 자본주의 및 이 자본주의의 발전에 의해 생겨난 세력들에 동참하지 않고 주춤했다. 그렇기 때문에 그것은 "경건한 바람"으로 남고 말았다.

또한 이것은 홉슨이 제국주의를 비판하면서 주로 취한 태도이기도 하다. 홉슨은 "제국주의의 불가피성"에 반대해 이의를 제기하면서(자본주의하에서!) 인민의 "소비 능력 증가"가 필연적이라고 역설한 점에서 카우츠키의 선행자였다. 제국주의, 은행의 전능함, 금융과두제 따위를 비판할 때 나타나는 소부르주아 관점은 아가트, 란스부르그, 에슈베게 등 내가 자주 인용한 저자들이 채택한 관점이다. 프랑스 저술가 중에는 빅토르 베라르(Victor Bérard)가 있는데, 그는 1900년 출간된 『영국과 제국주의』란 제목을 단 천박한 책의 저자이다. 자기가 마르크스주의자라고 주장하지 않는 이 저자들은 모두 제국주의를 자유경쟁 및 민주주의와 대비하고, 갈등과 전쟁으로 이끌고 있다는 이유를 들어 바그다드 철도 계획을 비난하며, 평화를 위한 "경건한 바람" 따위를 말하고 있다. 이것은 국제적 증권·주식 발행 통계를 편찬한 네이마르크에게도 적용된다.

110 J. Patouillet, *L'impérialisme américain*, Dijon, 1904, p. 272.

그는 1912년 수십억 프랑에 상당하는 "국제" 증권을 계산한 후, 이렇게 외쳤다. "평화가 교란될 수 있다고, …… 이 엄청난 수치를 보고도 누군가가 전쟁을 시작하는 위험을 감수할 것이라고 믿는 게 가능한 일인가?"[111]

이러한 부르주아 경제학자들의 천진함은 놀랄 일이 아니다. 무엇보다 순진한 척하면서 제국주의하에서의 평화에 관해 "진지하게" 떠드는 것이 바로 **그들의 이해에 부합한다**. 그러나 1914년, 1915년, 1916년 카우츠키가 동일한 부르주아 개량주의 관점을 택하여 평화 문제에 관해 "모든 사람이 동의한다."(제국주의자, 사이비 사회주의자, 사회평화주의자)라고 확언했을 때, 카우츠키의 마르크스주의에는 무엇이 남아 있겠는가? 제국주의를 분석하고 그것이 낳은 모순들의 깊이를 폭로하는 대신, 우리는 이를 뿌리치고 회피하기 위한 개량주의적 "경건한 바람" 외에는 아무 것도 접하지 못한다.

여기에 제국주의에 대한 카우츠키의 경제적 비판의 실례가 있다. 그는 1872년과 1912년 영국의 대이집트 수출입 무역 통계를 가져온다. 이 통계는 이 수출입 무역이 영국 해외무역 전체보다 더 더디게 성장하고 있다는 점을 보여 준다. 이로부터 카우츠키는 "군사적 점령이 없었다면 영국의 대이집트 무역이 단순하게 경제적 요인들만 작동하여 보다 덜 성장했을 것이라고 추정할 이유가 우리에게는 하나도 존재하지 않는다. …… 자본의 팽창 충동은 …… 제국주의의 폭력적 방법들이 아니라 평화적 민주주의에 의해서 가장 잘 촉진될 수 있다."고 결론내린다.[112]

111 *Bulletin de l'Institut International de Statistique*, T. XIX, Lvr. II, p. 225.

112 Kautsky, Nationalstaat, *imperialistischer Staat und Staatenbund*, Nürnberg, 1915, S. 72, 70.

러시아에서 카우츠키의 시종(이자 러시아의 사회국수주의 수호자)인 '구경꾼' 씨는 모든 주요 내용에서 카우츠키의 이러한 주장을 반복한다. 그의 주장은 카우츠키주의적 제국주의 비판의 토대를 이루며, 그렇기 때문에 우리는 이것을 더욱 구체적으로 다뤄야만 한다. 우리는 힐퍼딩에게서 가져온 한 인용문으로 시작할 것이다. 카우츠키는 여러 차례, 그리고 그중에서도 특히 1915년 4월, 힐퍼딩의 결론이 "모든 사회주의 이론가들에 의해 만장일치로 승인된" 것이라고 선언했다.

힐퍼딩은 다음과 같이 쓴다. "보다 진보적인 자본주의 정책을 이제는 한물간, 국가를 적대시하던 자유무역 시대의 정책과 대조하는 것은 프롤레타리아트의 일이 아니다. 금융자본의 경제정책과 제국주의에 대한 프롤레타리아트의 대답은 자유무역일 수 없고 사회주의여야 한다. 오늘날 프롤레타리아 정책의 목표는 자유경쟁을 회복한다는 이념—이것은 이제 반동적 이념이 됐다—일 수 없고, 자본주의를 폐지하여 경쟁을 완전히 제거하는 것이어야 한다."[113]

카우츠키는 금융자본 시대에 "반동적 이념", "평화적 민주주의", "경제적 요인들만 작동함"을 옹호함으로써 마르크스주의와 관계를 끊었다. **객관적으로** 이 이념은 우리를 독점자본주의에서 비독점자본주의로 후퇴하도록 끌어당기는 개량주의적 협잡이기 때문이다.

군사적 점령이 **없다면**, 제국주의가 없다면, 금융자본이 없다면, 이집트와의(혹은 다른 식민지나 반식민지와의) 무역이 "보다 더 성장했을 것"이라고? 이것은 어떤 의미인가? 자유경쟁이 독점 일반에 의해, 혹은 "연줄"이나 금융자본의 멍에(다시 말해 독점)에 의해, 혹은 특정 국가들의

113 *Finance Capital*, p. 567.

독점적 식민지 소유에 의해 제한되지 않았다면, 자본주의가 보다 급격하게 발전했을 것이라고?

카우츠키의 주장에는 이와 다른 그 어떤 의미도 있을 수 없다. **이** "의미"라는 게 터무니없는 것이다. 어떤 종류의 독점도 없다면 자유경쟁이 자본주의와 무역을 더욱 급격하게 **발전시킬 것이라고** 가정해 보자. 그러나 무역과 자본주의가 보다 급격하게 발전하면 할수록, 독점을 **발생시키는** 생산과 자본의 집적은 더 커지기 마련이다. 게다가 독점체가—정확히 자유경쟁**으로부터**—**이미** 생겨난 상황이다! 지금은 독점체의 발달이 지체되기 시작했지만, 이것이 자유경쟁에 유리한 주장은 아니다. 독점이 발생한 후에는 자유경쟁이 불가능해졌기 때문이다.

어떤 방식으로 카우츠키의 주장을 살펴보든, 그 속에서 반동과 부르주아 개량주의 말고는 어떠한 것도 발견할 수 없을 것이다.

우리가 이 주장을 정정해서 '구경꾼'이 말하듯 영국 식민지의 대영 무역이 이제는 다른 나라와의 무역보다 더 느리게 발전하고 있다고 말할지라도, 그것이 카우츠키를 구해 주지는 못한다. 영국을 두드려 패고 있는 것 **역시** 독점이고 **역시** 제국주의이지만, 다만 다른 나라(미국, 독일)의 독점이고 제국주의이기 때문이다. 카르텔이 새롭고 독특한 형태의 보호관세를 생겨나게 한다는 사실은 잘 알려져 있다. 다시 말해 수출에 적합한 제품은 보호받는다(엥겔스는 이것을 『자본론』 3권에서 언급했다). 카르텔과 금융자본이 그들만의 고유한 체제, 영국인의 말마따나 "할인 가격에 제품을 수출하는" "덤핑" 체제를 가지고 있다는 사실 역시 잘 알려져 있다. 이것은 카르텔이 한 나라 안에서는 자사 제품을 높은 독점가격에 판매하지만, 해외에서는 경쟁자를 꺾기 위해 제품을 훨씬 낮은 가격에 판매하여 자사 생산을 최대한 확대하는 것을 말한다. 만약 대영국 식민지 무역에서 독일이 영국보다 더 급속하게 발전하고 있다면, 그것은 독일 제국주의가 영국 제국주의보다 더 젊고, 더 강하고, 더 잘 조직되어 있고, 더 우월하다는 점을 입증할 따름일 뿐이지 자유무역의 "우월성"을 입증하는 것이 전혀 아니다. 그 이유는 그것이 자유무역 대 보호 및 식민지 종속의 싸움이 아니라, 두 경쟁하는 제국주의, 두 독점체, 두 금융자본 집단 사이의 싸움이기 때문이다. 영국 제국주의에 대한 독일 제국주의의 우월성은 식민지 국경이나 보호관세의 벽보다 강력하다. 이것을 자유무역과 "평화적 민주주의"에 **유리한** "논거"로 이용하는 것은 진부할 뿐 아니라 제국주의의 본질적 특징과 성격을 망각한 채 마르크스주의를 소부르주아 개량주의로 대체하는 것을 의미한다.

부르주아 경제학자 란스부르그의 제국주의 비판은 카우츠키의 비판만큼 소부르주아적이지만, 그럼에도 불구하고 심지어 그조차 무역 통계에 대해 좀 더 과학적인 연구에 근접했다는 사실을 언급하는 것은 흥미로운 일이다. 그는 임의로 고른 단 하나의 국가와 단 하나의 식민지를 다른 국가들과 비교하지 않았다. 그는 특정 제국주의 국가와 (1) 해당 국가로부터 돈을 빌려 금융적으로 종속된 국가들, (2) 금융적으로 독립된 국가들 사이의 수출무역을 고찰했다. 그는 다음쪽 표와 같은 결과를 얻었다.

독일의 수출 무역

단위: 백만 마르크

	나라 이름	1889년	1908년	증가율 (퍼센트)
독일에 금융적으로 종속된 국가	루마니아	48.2	70.8	+ 47
	포르투갈	19.0	32.8	+ 73
	아르헨티나	60.7	147.0	+ 143
	브라질	48.7	84.5	+ 73
	칠레	28.3	52.4	+ 85
	터키	29.9	64.0	+ 114
	합계	234.8	451.5	+ 92
독일에 금융적으로 독립된 국가	영국	651.8	997.4	+ 53
	프랑스	210.2	437.9	+ 108
	벨기에	137.2	322.8	+ 135
	스위스	177.4	401.1	+ 127
	오스트레일리아	21.2	64.5	+ 205
	네덜란드령 동인도	8.8	40.7	+ 363
	합계	1206.6	2264.4	+ 87

란스부르그는 **결론**을 이끌어 내지는 않았다. 따라서 이 수치들이 **만약** 무언가 증명하는 게 있다면 그것은 **그가 틀렸다**는 점임을 신기하게도 관찰하지 못했다. 비록 미약하지만, 독일에 금융적으로 종속된 국가들로의 수출이 금융적으로 독립한 국가들로의 수출보다 **빠르게** 성장했다(나는 "만약"을 강조했다. 란스부르그의 수치들이 그다지 완벽하지 않기 때문이다).

란스부르그는 수출과 차관 사이의 연관성을 추적하면서 이다음과 같이 썼다.

"1890~91년 독일 은행들을 통해 루마니아의 차관이 모집됐다. 독일 은행들은 이미 몇 해 전에 이 차관을 신청해 두었다. 차관은 주로 독일에서 철도 자재를 구매하는 데 이용됐다. 1891년 독일의 대루마니아 수출은 5500만 마르크에 이르렀다. 다음 해 수출이 3940만 마르크로 하락했고, 오르내림이 있다가 1900년에 이르러 2540만 마르크로 하락했다. 최근 년에 이르러서야 신규 차관 두 건 덕분에 수출은 1891년 수준을 회복했다."

"1888~89년 차관 이후 독일의 대포르투갈 수출은 2110만 마르크로 상승했다(1890년). 그 후 2년 동안 수출은 1620만 마르크와 740만 마르크로 하락했고, 1903년이 되어서야 이전 수준을 회복했다."

"독일과 아르헨티나의 무역 수치는 훨씬 더 인상적이다. 차관이 1888년과 1890년에 유입됐다. 독일의 대아르헨티나 수출은 6070만 마르크에 달했다(1889년). 2년 후 수출은 단지 1860만 마르크로 이전 수치의 3분의 1에도 못 미쳤다. 1901년이 되어서야 수출이 회복되어 1889년 수준을 뛰어넘었는데, 그것은 단지 해당 국가와 지방자치단체가 모집한 신규 차관, 발전소 건설을 위한 자금 투하, 여타 신용 운용의 결과였을 뿐이다."

"대칠레 수출은 1889년 차관의 결과 4520만 마르크로 증가했으나(1892년), 1년 후 2250만 마르크로 하락했다. 독일 은행이 1906년 모집한 칠레의 신규 차관으로 인해 수출이 1907년 8470만 마르크로 상승했다. 그러나 1908년 다시 5240만 마르크로 떨어지고 말았다."[114]

이러한 사실로부터 란스부르그는 수출무역이 차관과 묶여 있을 때 얼마나 불안정하고 불규칙한지, "자연스럽고" "조화롭게" 발전하는 국내 산업 대신 해외에 자본을 투자하는 게 얼마나 바람직하지 않은지,

114 *Die Bank*, 1909, 2, S. 819 이하 참고.

<크루프>가 해외 차관을 모집하는 과정에서 지출해야만 하는 수백만의 뇌물이 얼마나 "많은 비용이 드는" 것인지 따위의 재미있는 소부르주아적 도덕을 끌어낸다. 그러나 이 사실들은 우리에게 분명하게 말한다. 수출 증가는 **바로 이와 같은** 금융자본의 사기 수법들과 관련이 있다. 그것은 부르주아 도덕과 관련이 있는 것이 아니라 소가죽을 두 번 벗겨 먹는 것과 관련이 있다—일단 차관에서 나오는 이윤을 호주머니에 챙기고, 그 다음에는 채무자가 **동일한** 차관을 <크루프>의 제품을 구입하거나 철강 신디케이트로부터 철도 자재를 구입하는 등에 사용하면서 생기는 또 다른 이윤을 호주머니에 챙긴다.

반복해서 말하는데, 나는 란스부르그의 수치들이 결코 완벽하다고 생각하지 않는다. 그런데도 내가 그 수치들을 인용해야만 했던 이유는 그것이 카우츠키와 '구경꾼'의 것보다 과학적이기 때문이었고, 란스부르그가 문제에 대한 올바른 접근 방법을 보여 주었기 때문이다. 수출 등등과 관련해 금융자본의 함의를 논할 때에는 반드시 수출이 특히, 그리고 오로지 금융업자의 계략과, 그리고 특히, 그리고 오로지 카르텔의 제품 판매 등과 맺는 관계를 식별할 수 있어야 한다. 단순히 식민지를 비식민지와 비교하고, 한 제국주의를 다른 제국주의와, 어떤 반식민지나 식민지(이집트)를 다른 모든 국가들과 비교하는 것은 문제의 **본질** 자체를 회피하고 모호하게 만드는 것이다.

제국주의에 대한 카우츠키의 이론적 비판은 마르크스주의와는 아무런 공통점이 없고, 오직 기회주의자 및 사회국수주의자와 평화·단결을 이루자고 선전하기 위한 서론으로서만 봉사한다. 그것은 정확히 다음과 같은 이유에서이다. 즉 그것은 제국주의의 뿌리 깊고 근본적인 모순들

그 자체, 이를테면 독점과 그것과 나란히 존재하는 자유경쟁 사이의 모순, 금융자본의 막대한 "업무들"(그리고 막대한 이윤)과 자유 시장에서의 "정직한" 거래 사이의 모순, 한편으로는 카르텔과 트러스트와 다른 한편으로는 카르텔화 되지 않은 산업 사이의 모순 등을 회피하고 모호하게 만든다.

카우츠키가 발명한 저 유명한 "초제국주의" 이론 역시 반동적이다. 이 주제에 대한 그의 1915년 주장을 홉슨의 1902년 주장과 비교해 보자.

카우츠키: "…… 민족적 금융자본들이 상호 경쟁하는 대신 국제적으로 단결한 금융자본이 세계를 공동 착취하게 되는 새로운 초제국주의 정책이 현재의 제국주의 정책을 대체할 수 있을까? 그러한 자본주의의 새로운 국면은 어찌됐든 있을 법한 일이다. 그것은 이루어질 수 있는 일인가? 우리가 이 문제에 대답하기에는 아직 충분한 전제들이 부족한 상태이다."[115]

홉슨: "따라서 각자 문명화 되지 않은 속국들을 시종들로 거느린 소수의 거대 연방 제국들 속에서 펼쳐지는 기독교 세계는 많은 사람들에게 현재 경향의 가장 정당한 발전으로, 상호제국주의(inter-imperialism)라는 확실한 토대 위에 영구 평화를 이룬다는 최선의 희망을 제공하는 발전으로 보인다."

홉슨이 13년 전 상호제국주의라고 묘사한 것을 카우츠키는 초제국주의나 초월제국주의라고 불렀다. 한 라틴어 접두사를 다른 접두사로 대체하여 새롭고 독창적인 표어를 만들어 낸 것 말고, 카우츠키가 이 "과학적" 사유 영역에서 만들어 낸 유일한 진보가 있다면, 그것은 홉슨이

115 *Die Neue Zeit*, 1915년 4월 30일, S. 144.

사실상 영국 교구 목사의 은어로 묘사한 것을 마르크스주의로 공표했다는 점이다. 보어전쟁 이후 이 매우 고귀한 신분이, 남아프리카의 전장에서 많은 친척을 잃고 영국 금융업자들에게 한층 더 많은 이윤을 보장하기 위해 더 많은 세금을 납부하지 않으면 안 됐던 영국 중간계급과 노동자들을 **위로하기** 위해 최선의 노력을 다한 것은 매우 자연스러운 일이었다. 제국주의가 그렇게 나쁜 것이 아니라고, 그것이 영구 평화를 보장할 수 있는 상호(혹은 초)제국주의에 가까워지고 있다고 말하는 이론보다 더 나은 위로를 줄 수 있는 게 어디에 있겠는가? 영국 교구 목사나 감상적인 카우츠키의 선의가 무엇이든 간에, 카우츠키의 "이론"이 지닌 유일한 목적, 다시 말해 진정한 사회적 함의는 다음과 같다. 즉 그것은 대중의 주의를 현재의 날카로운 적대와 심각한 문제 들로부터 다른 곳으로 돌려 장차 가상의 "초제국주의"가 실현될 것이라는 환상적 전망으로 향하게 만드는 것을 통해, 영구 평화가 자본주의하에서 가능하다는 희망으로 대중을 위로하는 가장 반동적 방법이다. 대중에 대한 기만—그것이 카우츠키의 "마르크스주의" 이론 속에 담긴 내용의 모든 것이다.

사실 잘 알려졌고 반박의 여지가 없는 사실들을 비교하는 것만으로도 카우츠키가 독일 노동자들(그리고 모든 곳의 노동자들) 앞에 불러내고자 하는 전망들이 철저히 기만임을 충분히 납득시킬 수 있다. 인도, 인도차이나, 중국을 고찰해 보자. 6억에서 7억의 인구가 사는 이 식민지·반식민지 국가 세 곳이 영국, 프랑스, 일본, 미국 등 몇몇 제국주의 열강의 금융자본에 의해 착취 당하고 있다는 점은 잘 알려져 있다. 이 제국주의 국가들이 위의 아시아 국가들 내에 존재하는 자국의 소유물, 자국의 이해, 자국의 영향권을 보호 혹은 확대하기 위해 서로에게 대항하는 동맹을 형성한다고 가정해 보자. 이 동맹은 "상호제국주의" 혹은 "초제국주의" 동맹이 될 것이다. **모든** 제국주의 국가들이 위와 같은 아시아 여러 지역의 "평화적" 분할을 위해 동맹을 맺는다고 가정해 보자. 이 동맹은 "국제적으로 단결한 금융자본"의 동맹이 될 것이다. 20세기 역사에 이런 종류의 동맹이 실제 사례—예컨대 중국에 대한 열강들의 태도—로 존재한다. 우리는 묻고자 한다. 자본주의 체제는 원래 상태 그대로일 것—정확히 이것이 카우츠키가 만든 가정이다—이라고, 그러한 동맹은 전혀 일시적인 동맹이 아닐 것이라고, 그 동맹은 모든 가능한 형태의 마찰, 갈등, 투쟁을 제거할 것이라고 가정하는 것이 "있을 법한 일"인가?

질문을 명확하게 제시하기만 한다면, 이 질문에 대해 부정적 답변 말고는 어떤 답변도 가능치 않다는 점을 알 수 있다. 이것은 다음의 이유 때문이다. 즉 자본주의하에서 유일하게 있을 법한 영향권, 이익, 식민지 따위의 분할을 위한 토대는 참여 국가들의 **힘**, 그들의 일반적인 경제적·금융적·군사적 힘에 대한 계산 따위이다. 그리고 분할에 참여하는 이러한 국가들의 힘은 동일한 비율로 변화하지 않는다. 서로 다른 사업, 트러스트, 산업부문, 혹은 국가 들의 **균등한** 발전은 자본주의하에서는 불가능하기 때문이다. 만약 반세기 전 독일 자본주의의 힘을 영국의 힘과 비교한다면, 당시 독일은 볼품없고 하찮은 국가였다. 동일한 방식으로 일본을 러시아와 비교할 수 있다. 10년 혹은 20년이란 시간 내에 제국주의 열강들 사이의 상대적 힘이 변하지 **않은** 상태로 남아 있을 것이라는 게 "있을 법한 일"인가? 이것은 완전히 터무니없는 말이다.

따라서 영국 목사나 독일인 "마르크스주의자" 카우츠키의 진부한 속물적 환상 속에서가 아니라 자본주의 체제의 현실 속에서, "상호제국주의" 혹은

"초제국주의" 동맹은 한 제국주의 연합이 다른 제국주의 연합과 적대하는 형태이든 아니면 **모든** 제국주의 열강을 포괄하는 일반적 연합의 형태이든 그 어떤 형태를 취할지라도, **불가피하게** 전쟁과 전쟁 사이의 기간 동안 존립하는 "휴전"에 다름 아니다. 평화적 동맹은 전쟁의 토대를 마련할 뿐 아니라 전쟁으로부터 자라난다. 하나가 다른 하나를 조건 지으며, 세계 경제, 세계 정치 안에 존재하는 제국주의적 연관 및 관계라는 **하나의 동일한** 토대 위에서 평화적 투쟁 형태와 비평화적 투쟁 형태가 번갈아 가며 나타난다. 그러나 노동자들을 진정시키고, 부르주아지의 편으로 도망친 사회국수주의자들을 노동자들과 화해시키기 위해, 너무나도 현명한 카우츠키는 단일한 사슬의 한 고리를 다른 고리로부터 **분리시키고**, 중국을 "평정"하기 위해 **모든** 열강들이 맺은 오늘날의 평화적(그리고 초제국주의적, 아니 초초제국주의적) 동맹(의화단의 난 진압을 기억하라.)을 내일의 비평화적 충돌로부터 분리시킨다. 그런데 모레에는 이 충돌이 이를테면 터키의 분할을 위한 또 다른 "평화적" 총동맹의 토대를 마련할 것이다, 등등. 카우츠키는 제국주의적 평화의 시대와 제국주의적 전쟁의 시대 사이에 존재하는 살아 있는 연관을 보여 주기는커녕, 노동자들에게 죽은 것이나 다름없는 추상을 내놓는다. 이는 노동자들을 죽은 것이나 다름없는 그들의 지도자들과 화해시키려는 목적에서이다.

미국의 저술가 힐(David Jayne Hill)은 『유럽의 국제적 발전 속에서의 외교사』 서문에서 근래의 외교사를 다음과 같은 시대로 나누어 언급했다. (1) 혁명의 시대, (2) 입헌 운동, (3) 오늘날 "상업 제국주의" 시대.[116] 다른 저술가는 1870년 이래 영국의 "세계 정책"사를 4개

116 David Jayne Hill, *A History of the Diplomacy in the International Development of Europe*, Vol. I, p. X.

시대로 나눈다. (1) 제1차 아시아 시대(중앙아시아에서 러시아의 인도 진출에 맞선 투쟁의 시대), (2) 아프리카 시대(대략 1885~1902년)로 아프리카의 분할을 위해 프랑스에 맞서 투쟁한 시대(프랑스와 전쟁 일보 직전까지 갔던 1898년 "파쇼다 사건"), (3) 제2차 아시아 시대(러시아에 맞서 일본과 동맹을 맺음), (4) "유럽" 시대로 주로 반독일.[117] 1905년 은행가 리서는 이탈리아에서 활동하는 프랑스 금융자본이 어떤 식으로 양국 간 정치 동맹의 길을 마련하는지, 그리고 페르시아를 둘러싼 독일과 영국 사이의 충돌, 중국 차관을 둘러싼 모든 유럽 자본가 사이의 충돌 등이 어떻게 발전하고 있는지를 보여 주면서 이렇게 썼다. "정치적 전초전들이 금융 영역에서 일어난다." 보라, 일상적인 제국주의 충돌과 떼려야 뗄 수 없이 연결되어 있는 평화적 "초제국주의" 동맹의 생생한 현실을!

카우츠키는 제국주의의 가장 심각한 모순들을 모호하게 만든다. 이는 불가피하게 제국주의를 미화하는 것으로 귀결되며, 제국주의의 정치적 특징들에 대한 저자의 비판에 그 흔적을 남기지 않을 수 없다. 제국주의는 금융자본의 시대이자 독점체의 시대이며, 그것은 어디에서나 자유가 아닌 지배를 위한 분투를 가져온다. 이러한 경향이 빚은 결과는 정치체제가 어떠한 것이든 어디에서나 반동이고 이 영역에서 적대가 극히 격화되는 것이다. 특히 민족 억압의 멍에 및 병합을 위한 분투, 다시 말해 민족적 독립의 침해가 격화된다(병합은 민족자결권에 대한 침해에 다름 아니기 때문이다). 힐퍼딩은 제국주의와 민족 억압의 격화 사이에 존재하는 연관을 올바르게 언급한다. 그는 이렇게 적고 있다. "새로 개방된 여러 국가에서 해당 국가들로 수입된 자본은

117 Schilder, 앞의 책, S. 178.

적대들을 격화시키고, 침입자에 맞서 민족의식을 깨달은 인민의 저항이 끊임없이 증가하도록 고취한다. 이러한 저항은 쉽게 해외 자본에 맞서 위험한 수준으로 발전할 수 있다. 낡은 사회관계들이 완전히 혁명적으로 변혁되고, '역사 없는 민족'의 매우 오래된 농업적 고립이 파괴된다. 그리고 그들은 자본주의의 소용돌이로 끌려 들어온다. 자본주의 자체는 점차 피정복민에게 그들의 해방을 위한 수단과 자원을 제공하고, 그들은 한때 유럽 민족들에게 매우 높아 보였던 목표 달성에 착수한다. 그 목표란 경제적·문화적 자유를 위한 수단으로써 통일된 민족국가를 형성하는 것이다. 민족적 독립을 위한 이러한 운동은 가장 값지고 가장 믿음직한 착취 영역 내부에서 유럽 자본을 위협한다. 그리고 유럽 자본은 오직 군사력을 계속 증강함으로써만 자신의 지배를 유지할 수 있다."[118]

여기에 추가해야만 할 내용은 새로 개방된 국가들에서뿐 아니라 기존 국가들에서도 마찬가지로 제국주의는 병합과 민족 억압의 증대를, 따라서 결과적으로 저항의 증가를 야기하고 있다는 점이다. 카우츠키는 제국주의에 의해 정치적 반동이 격화되는 것에 반대하면서도 특히 긴급해진 문제, 즉 제국주의 시대에는 기회주의자들과의 통일이 불가능하다는 점은 어두운 곳에 숨겨 놓는다. 그는 병합에 반대하면서도, 자신의 반대를 기회주의자들이 볼 때 가장 받아들이기 쉽고 가장 덜 공격적인 형태로 제시한다. 그는 독일 청중에게 말을 걸지만, 가장 화제가 되는 중요한 사항, 예컨대 독일의 알자스-로렌 병합은 모호하게 말한다. 카우츠키와 같은 "정신이상"을 감정하기

118 *Finance Capital*, p. 487.

위해서, 나는 다음의 사례를 들 것이다. 한 일본인이 미국의 필리핀 병합을 비난한다고 가정해 보자. 이로부터 다음의 질문이 나온다. 그 일본인이 그렇게 비난하는 이유가 병합 그 자체를 혐오하기 때문이지 그 자신이 필리핀을 병합하고 싶어서 그러는 것은 아니라고 얼마나 많은 사람들이 믿어 줄까? 오직 이 일본인이 일본의 조선 병합에 맞서 싸우고 조선이 일본으로부터 분리할 자유를 촉구할 때에라야 우리가 비로소 이러한 병합에 맞선 그의 "싸움"을 진실하고 정치적으로 정직하다고 인정할 수 있는 게 아닐까?

제국주의에 대한 카우츠키의 경제적·정치적 비판뿐 아니라 그의 제국주의에 대한 이론적 분석에는 마르크스주의와는 절대 화해할 수 없고 제국주의의 근본 모순들을 모호하게 만들고 얼버무리는 정신이, 그리고 어떤 대가를 치르고서라도 붕괴하고 있는 유럽 노동자계급 운동 내 기회주의와의 통일을 지키고자 애쓰는 태도가 **속속들이** 스며들어 있다.

제10장
제국주의의 역사적 위치

우리는 제국주의의 경제적 본질이 독점자본주의라는 점을 보았다. 이것은 그 자체로 제국주의의 역사적 위치를 결정한다. 왜냐하면 자유경쟁의 토양으로부터, 정확히 말하면 자유경쟁으로부터 성장한 독점은 자본주의 체제에서 보다 높은 사회경제적 질서로 이행한 것이기 때문이다. 우리는 독점의 네 가지 주요 유형, 혹은 독점자본주의의 주요 표현에 대해 특별히 주목해야 한다. 이것은 우리가 고찰하고 있는 시대의 특징이다.

첫 번째, 매우 높은 단계에 이른 생산의 집적에서 독점이 발생한다. 이것은 독점적 자본주의 단체·카르텔·신디케이트·트러스트를 가리킨다. 우리는 이것들이 오늘날 경제생활에서 행하는 중요한 역할을 살펴봤다. 20세기 초 독점체는 선진국에서 완전한 우위를 차지했다. 그리고 높은 관세로 보호를 받는 국가들(독일, 미국)이 카르텔 형성으로 가는 최초의 발걸음을 놓았지만, 자유무역 체제를 가진 영국에서도 조금 늦었을 따름이지 마찬가지의 기본 현상, 다시 말해 생산의 집적에서 독점이 탄생하는 현상이 나타났다.

두 번째, 독점체들은 특히 자본주의사회에서 가장 고도로 카르텔화 된 기초산업인 석탄산업과 철산업을 위해 가장 중요한 원자재 공급원들을 활발하게 장악해 왔다. 가장 중요한 원자재 공급원을 독점해서 대자본의 힘을 엄청나게 증가시켰고 카르텔화 된 산업과 카르텔화 되지 않은 산업 사이의 대립을 첨예하게 만들었다.

세 번째, 독점은 은행에서 비롯됐다. 은행은 대단찮은 중개인에서 금융자본의 독점자로 발전해 왔다. 가장 앞선 자본주의국가들의 경우 대략 세 곳에서 다섯 곳의 거대 은행이 산업자본과 은행자본 사이의 "인적 결합"을 확립했고, 수십억에 수십억을 더한 돈에 대한 지배력을 자신들의 수중에 집중시켰다. 이 돈은 국가 전체의 자본 및 소득 중 엄청난 부분을 차지한다. 금융과두제는 오늘날 부르주아사회의 모든 경제적·정치적 제도들에 대해 예외 없이 촘촘한 종속 관계의 그물을 드리운다—이것이 이러한 독점의 가장 두드러진 발현이다.

네 번째, 독점은 식민 정책으로부터 성장했다. 금융자본은 식민 정책에 대한 수많은 "오래된" 동기들에다가 원자재 공급원을 위한 투쟁, 자본수출을 위한 투쟁, "영향권", 다시 말해 수지맞는 거래·이권·독점이윤 등등의 영역과 경제적 영토 일반을 위한 투쟁을 추가했다. 예컨대 유럽 열강의 식민지가 아프리카 영토의 10분의 1에 불과했을 무렵(1876년의 경우)에는, 식민 정책은 독점이 아닌 방식—이른바 영토의 "자유로운 횡령"—으로 전개될 수 있었다. 그러나 아프리카의 10분의 9가 점령되고(1900년경) 전 세계가 분할된 무렵에는 독점적 식민지 소유의 시대, 결과적으로 세계의 분할과 재분할을 위한 특히나 격렬한 투쟁의 시대로 접어드는 게 불가피하다.

독점자본이 자본주의의 모든 모순을 얼마나 격화시켜 왔는지는 널리 알려져 있다. 높은 생계비와 카르텔의 폭정을 언급하는 것만으로도 충분할 것이다. 모순들의 격화는 세계 금융자본의 최종 승리와 더불어 시작된 역사적 이행기의 가장 강력한 추동력을 이룬다.

독점체, 과두제, 자유가 아닌 지배를 위한 분투, 가장 부유하거나 가장 강력한 한 줌의 민족이 약소 민족들을 점점 더 많이 착취하는 것—이 모든 것이 우리로 하여금 기생적인, 혹은 부패하고 있는 자본주의라고 정의하지 않을 수 없게 만드는 제국주의의 독특한 특징들을 낳는다. 제국주의의 경향 중 하나로 "금리생활자 국가", 고리대업자 국가의 형성이 점점 더 현저해진다. 이런 나라에서 부르주아지는 갈수록 자본수출에서 나오는 수익으로, 그리고 "이표 절취"를 통해 살아간다. 이런 부패 경향이 자본주의의 급속한 성장을 배제할 것이라고 믿는 것은 오류일 것이다. 전혀 그렇지 않다. 제국주의 시대에 특정 산업부문, 특정 부르주아지층, 특정 국가들은 다소간 차이는 있지만 이런 경향들이 이러저러하게 드러낸다. 전체적으로 자본주의는 이전보다 훨씬 더 빠르게 성장하고 있다. 그러나 일반적으로 이러한 성장은 점점 더 불균등하게 이루어지고 있다. 또한 그 불균등성은 특히 자본이 가장 풍부한 나라들의 부패 속에서 분명히 나타난다(영국).

독일의 경제적 발전 속도와 관련하여, 독일 대은행에 관한 책의 저자 리서는 이렇게 진술한다. "딱히 느리지만은 않았던 앞선 시기(1848~70년)의 진보는 독일 국민경제 전체, 그리고 그것과 더불어 독일 은행업이 이 시기(1870~1905년) 동안 진보했던 속도와 비교된다. 이것은 좋았던 옛 시절 우편마차 속도와 오늘날의 자동차 속도를 비교하는 것과 같은 방식이다.

…… 자동차는 윙 하고 매우 빠르게 지나가서 자기 길을 가고 있는 무고한 행인뿐 아니라 차의 동승자마저 위험하게 만든다." 다른 한편, 매우 예외적인 속도로 성장해 온 이러한 금융자본은 바로 이런 빠른 속도 때문에 더 부유한 국가들로부터 빼앗아 와야만 하는 식민지를—평화적 방법은 차치하고—보다 "조용"하게 소유하려고 하지 않는다. 최근 수십 년간 미국의 경제 발전은 독일보다 훨씬 더 빠르게 이루어졌다. **그리고 바로 이러한 이유에서** 근대 미국 자본주의의 기생적 특징들이 특히 두드러지게 됐다. 다른 한편 이를테면 공화국 미국의 부르주아지와 군주국 일본이나 독일의 부르주아지를 비교해 보면, 제국주의 시대에는 가장 뚜렷한 정치적 차이가 극도로 감소한다는 점을 알 수 있다—일반적으로 그것이 중요하지 않아서가 아니라, 이 모든 경우에서 우리는 기생성의 일정한 특징들을 가진 부르주아지에 대해 말하고 있기 때문이다.

수많은 산업부문 중 어느 한 부문, 수많은 국가 중 어느 한 국가에 있는 자본가들이 높은 독점이윤을 수령하는 것은 다음의 사실을 경제적으로 가능하게 만든다. 즉 자본가들은 특정 노동자층을, 그리고 잠시나마 노동자 중 그 수가 꽤 적지 않은 소수를 매수하고, 이들을 다른 모든 사람들과 대립하게 만들어 특정 산업이나 특정 민족의 부르주아지 편으로 넘어가게 한다. 제국주의적 민족들 사이에서 세계 분할을 두고 일어나는 적대의 격화는 이런 충동을 증가시킨다. 그리고 제국주의와 기회주의 사이의 결합이 만들어진다. 이것은 영국에서 최초로 가장 분명하게 나타났다. 영국에서는 제국주의적 발전의 특정한 특징들이 다른 나라들보다 훨씬 일찍부터 관찰될 수 있었기 때문이었다. 일부 저술가들,

예컨대 마르토프는 다음과 같은(카우츠키와 위스망스 풍의) "공식적 낙관주의"에 호소하면서 제국주의와 노동자계급 운동 내 기회주의 사이의 연관성—특히 현재 명백한 사실—을 쉽게 일축하는 경향이 있다. 즉 만약 기회주의를 증가시키고 있는 게 바로 진보적 자본주의라면, 혹은 만약 기회주의로 기울어진 게 바로 임금을 가장 잘 받는 노동자라면, 자본주의 반대 세력의 대의에는 희망이 없을 것이다, 등등. 우리는 이런 식의 "낙관주의"에 대해 어떠한 환상도 가져서는 안 된다. 그것은 기회주의에 대한 낙관주의이다. 그것은 기회주의를 은폐하는 데 봉사하는 낙관주의이다. 사실 기회주의는 대단히 빠른 속도로 발전했고 유난히 구역질나는 특징을 보이지만, 이것이 기회주의의 지속적인 승리를 결코 보장하지는 않는다. 건강한 몸에 아픈 종기가 빠르게 자라 봤자, 그것은 종기가 더 빠르게 터지게 할 뿐이고, 그로써 몸에서 종기를 제거할 따름이다. 이러한 점에서 무엇보다 가장 위험한 사람은 제국주의에 맞선 투쟁이 기회주의에 맞선 투쟁과 떼려야 뗄 수 없이 결합되어 있지 않다면 그 투쟁은 공허하고 기만적 문구에 다름 아니라는 점을 이해하려고 하지 않는 사람이다.

이 책에서 말한 제국주의의 경제적 본질에 대한 모든 내용으로부터 우리가 제국주의를 이행 중인 자본주의, 혹은 보다 정확하게 말해 사멸하는 자본주의라고 규정해야만 한다는 결론이 나온다. 이러한 점에서 부르주아 경제학자들이 최근의 자본주의를 묘사하면서 종종 "얽힘", "고립의 부재" 따위와 같은 표어나 문구를 채용한다는 점을 언급하는 게 크게 도움이 될 것이다. "그것의 기능과 발전 과정에 따르면" 은행은 "순수한 사적 기업이 아니다. 그것은 순수한 사적 기업 규제의 영역에 비해 점점 더 커지고 있다." 나는 방금 리서의 말을 인용했다. 그런데 바로 리서는 매우 진지하게 "사회화"와 관련된 마르스스크주의자들의 "예언"은 "실현되지 않았다."고 선언한다!

그렇다면 이 "얽힘"이란 표어는 무엇을 표현하는 것인가? 그것은 단지 우리 눈앞에서 진행되고 있는 과정의 가장 현저한 특징을 표현한다. 그것은 관찰자가 개별 나무만 헤아릴 뿐 숲을 볼 수 없다는 것을 보여 준다. 그것은 피상적이고 우연적이고 혼란스러운 것만 독창성 없이 모사하는 것이다. 그것은 관찰자가 대량의 원자료에 압도되어 그것의 의미와 중요성을 전혀 평가할 수 없는 사람임을 폭로한다. 주식 소유, 사유재산의 소유자들 사이의 관계가 "우연한 방식으로 얽혔"다는 것이다. 그러나 이러한 얽힘의 기저에 있는 것, 그것의 토대 자체는 변화하고 있는 사회적 생산관계이다. 대기업이 거대해져서 대규모 자료를 가지고 정확히 계산하여 모든 중요 원자재 중 3분의 2나 4분의 3, 수천만 인민에게 필요한 모든 것의 공급을 계획에 따라 조직할 때, 원자재가 체계적이고 조직적인 방식으로 경우에 따라서는 서로 수백 혹은 수천 마일이나 떨어져 있는 가장 적합한 생산 장소에 운송될 때, 다양한 종류의 완제품 제조가 완료되기까지 단일한 중앙이 모든 연속적인 재료 처리 단계들을 관리할 수 있을 때, 이러한 생산물들이 단일한 계획에 따라 수천, 수억의 소비자에게 분배될 수 있을 때(미국 "석유 트러스트"가 미국과 독일에서 하고 있는 석유 판매 활동) —그렇다면 우리는 단순히 "얽힘"이 아니라 생산의 사회화를 겪고 있고, 사적 경제 관계, 사적 소유관계는 더 이상 그 내용물과 맞지 않은 껍질, 만약 그것을 제거하는 게 인위적으로 지체된다면 불가피하게 부패할 것이 뻔한 껍질, (만약 최악의 경우 기회주의 종기의 치유가 오래 지체된다면) 상당히 오랜 시기 동안 부패 상태로 남아 있을 수도 있지만 제거되는 것은 불가피한 껍질이 되었음이 명백하다.

독일 제국주의의 열정적 찬미자 슐체-개페르니츠는 이렇게 크게 외친다.

"일찍이 독일 은행들의 최고 경영이 십수 명 손에 위임되었는데, 그들의 활동은 오늘날에조차 대다수 국가 각료의 활동보다 공공선을 위해 더 중요하다. [은행, 장관, 산업계 거물, 금리생활자 사이의 "얽힘"이 이곳에서는 편리하게 잊힌다.] …… 만약 생각건대 우리가 이제껏 언급한 이런 경향들의 발전이 그것의 논리적 결론에 이르게 된다면, 그것은 다음과 같을 것이다. 즉 국가의 화폐자본이 은행들을 통해 묶이고, 은행들 자체가 카르텔로 결합되며, 국가의 투자 자본이 증권 형태를 갖게 된다. 그렇다면 천재 생시몽의 예견이 실현될 것이다. "경제 관계가 균일한 규제 없이 발전하고 있다는 사실에 상응하는 현재 생산의 무정부성은 생산의 조직에 자리를 내주어야만 한다. 생산은 더 이상 서로 독립되어 인간의 경제적 필요에 무지한 고립된 제조업자들에 의해 관리되지 않을 것이다. 그것은 어떤 공적 제도에 의해 실현될 것이다. 보다 높은 위치에서 사회적 경제의 넓은 영역을 내려다볼 수 있는 중앙관리위원회가 사회 전체의 이익을 위해 사회적 경제를 규제할 것이고, 생산수단을 그에 적합한 일손들에게 맡길 것이고, 무엇보다 생산과 소비가 변함없이 조화를 이루도록 보살필 것이다. "일정한 경제적 노동 조직화를 자기 기능의 일부로 갖고 있는 제도가 이미 존재한다. 그것은 바로 은행이다." 우리는 여전히 생시몽의 예견이 실현되는 것과는 한참 거리가 멀다. 그러나 우리는 그것을 향해 가고 있는 중이다—그것은 마르크스가 생각했던 것과는 다르지만 단지 형태만 다를 뿐인 마르크스주의이다."[119]

참으로 마르크스에 대한 훌륭한 "논박"이라 하지 않을 수 없다. 이것은 마르크스의 정확하고 과학적인 분석에서 생시몽의 어림짐작으로 한 발 물러선 것이다. 천재의 어림짐작이긴 하지만, 어림짐작인 것은 매한가지이다.

119 *Grundriss der Sozialökonomik*, S.146.

부록

사회주의혁명과 민족자결권 테제(1916년)
제국주의와 사회주의의 분열(1916년)
바젤 국제사회주의 대회 선언(1912년)

사회주의혁명과 민족자결권 테제*

1. 제국주의, 사회주의, 그리고 피억압 민족의 해방

제국주의는 자본주의 발전의 최고 단계이다. 선진국 자본에게 민족국가의 경계는 몸에 맞지 않게 됐다. 자본은 경쟁 대신에 독점을 확립했고, 그래서 사회주의를 성취하기 위한 모든 객관적인 필수 조건들을 창출했다. 그러므로 서유럽과 미국에서는 자본가 정부를 타도하고 부르주아지를 수탈하려고 하는 프롤레타리아트의 혁명 투쟁이 일정에 오르고 있다. 제국주의는 계급 적대를 엄청날 정도로 날카롭게 하고, 경제적으로나—트러스트와 높은 생계비용—정치적으로나—군국주의의 성장, 빈번한 전쟁, 반동의 증가, 민족 억압과 식민지 약탈의 강화 및 확대—대중의 상태를 악화시킴으로써, 대중을 이 투쟁으로 내몰고 있다. 승리한 사회주의는 완전한 민주주의를 성취해야 하며, 따라서 민족 간의 완전한 평등을 가져올 뿐만 아니라 피억압 민족들의 자결권, 다시 말해 자유로운

* 이 테제는 1916년 1월과 2월 사이에 작성되어 1916년 4월 독일 잡지 『선구자』 제2호에 실렸다. 러시아어로는 1916년 10월 『사회민주주의 평론』 제1호에 실렸다.

정치적 분리의 권리를 실현해야 한다. 혁명 과정에서 그리고 혁명의 승리 이후뿐만 아니라, 바로 지금, 자신의 모든 행동으로 예속된 민족을 자유롭게 할 것이며 자유로운 결합에 의거하여 이들과 관계를 맺을 것—그리고 자유로운 결합은 분리의 권리 없이는 거짓 문구에 불과하다는 것—을 증명하지 못한 사회주의 정당이 있다면, 그런 정당은 사회주의에 대한 배신을 범하는 게 될 것이다.

물론, 민주주의 역시 국가가 소멸할 때 사라져야만 하는 국가의 한 형태이다. 그러나 국가 소멸은 완전하게 승리하고 공고화된 사회주의에서 완전한 공산주의로 넘어가는 과정에서만 일어날 수 있을 것이다.

2. 사회주의혁명과 민주주의를 위한 투쟁

사회주의혁명은 단 한 번의 행동, 단 하나의 전선에서 벌어지는 단 한 번의 전투가 아니다. 사회주의혁명은 격렬한 계급 충돌들의 전 시기, 모든 전선에서 벌어지는 장기간에 걸친 일련의 전투, 즉 모든 경제, 정치 문제 들을 둘러싸고 벌어지는 전투이고, 오직 부르주아지에 대한 수탈으로만 최고조에 다다를 수 있다. 민주주의를 위한 투쟁이 사회주의혁명에 대한 프롤레타리아트의 관심을 다른 곳으로 돌리게 하고, 혹은 사회주의혁명을 모호하게 하거나 가릴 수 있다는 식으로 생각하는 것은 근본적인 오류이다. 정반대로, 완전한 민주주의를 도입하지 않는 한 사회주의가 승리할 수 없는 것처럼, 프롤레타리아트는 다방면에서 민주주의를 위한 일관되고 혁명적인 투쟁을 수행하지 않는다면 자본가계급에 대한 승리를 준비할 수 없을 것이다.

민주주의적 강령의 어느 한 항목이라도, 예를 들면 민족자결 항목을 그것이 제국주의하에서 "실현 불가능하다."거나 "환상적"이라는 이유로 삭제하는 것은 이에 못지않은 오류일 것이다. 민족자결권이 자본주의의 틀 속에서 성취될 수 없다는 주장은 그것의 절대적, 경제적 의미에서, 혹은 통상적, 정치적 의미에서 해석될 수 있을 것이다.

첫 번째의 경우, 이 주장은 이론적으로 볼 때 근본적으로 틀린 것이다. 첫째, 그런 의미에서 자본주의하에서 노동화폐나 공황의 근절 같은 것들을 성취해내는 것은 불가능하다. 그러나 민족자결권이 **똑같이** 실현 불가능하다고 주장하는 것은 전적으로 잘못됐다. 둘째, 심지어 1905년 스웨덴으로부터 노르웨이가 분리된 한 가지 예만으로도 이것이 그런 의미에서 "실현 불가능하다."는 견해를 논박하는 데 충분하다. 셋째, 가령 영국과 독일 사이의 정치적·전략적인 관계들의 사소한 변화로도 폴란드, 인도 등 새로운 국가의 형성이 금방이라도 매우 "실현 가능할" 것이라는 사실을 부정하는 것은 어리석은 일일 것이다. 넷째, 팽창을 추구하는 과정에서 금융자본은, 그 나라가 얼마나 "독립적이든지" 상관없이, 가장 자유롭고 가장 민주주의적이고 공화주의적인 정부라도, 그리고 어떤 나라의 선출된 관리들이라도 "자유롭게" 사고 매수할 것이다. 자본 일반과 마찬가지로 금융자본의 지배는 정치적 민주주의 영역에서 이루어지는 **어떤** 종류의 개혁으로도 폐지될 수 없는 것이고, 민족자결은 전적으로 그리고 배타적으로 이 영역에 속한다. 그렇지만 금융자본의 지배는 계급 억압과 계급투쟁의 더 자유롭고 더 광범위하고 더 명백한 **형태**로써 정치적 민주주의가 가진 중요성을 파괴하지 않는다. 따라서 자본주의하에서 정치적 민주주의의 요구 중 하나가 경제적으로 "실현 불가능하다."고 말하는 모든 주장은 자본주의와 정치적 민주주의 일반 사이의 일반적이고 기본적인 관계들을 이론적으로 잘못되게 정의하는 것으로 귀결된다.

두 번째의 경우, 이 주장은 불완전하고 부정확하다. 왜냐하면 민족자결권뿐만 아니라 **모든** 근본적인 정치적 민주주의 요구는 제국주의하에서 오직 부분적으로, 그리고 왜곡된 형태로 극히 드문 예외적 경우(예를 들면 1905년 스웨덴으로부터 노르웨이의 분리)로서만, "실현 가능하기" 때문이다. 모든 혁명적 사회민주주의자들이 제기해 온 식민지의 즉각적인 해방이라는 요구 역시 일련의 혁명이 없고서는 자본주의하에서 "실현 불가능"하다. 그렇다고 해서 이 말이 사회민주주의가 이 **모든** 요구를 위한 즉각적이고 가장 결정적인 투쟁을 거부해야 한다는 것을 의미하지는 않는다—만약 이를 거부한다면 그것은 부르주아지와 반동의 손에 놀아나는 것일 뿐이다. 거꾸로, 위의 말은 이러한 요구들이 개량주의적 방식이 아닌 혁명적 방식으로, 부르주아적 합법성의 틀 안에 머물지 않고 그것을 파괴하며 의회 연설과 말뿐인 저항을 뛰어넘어 실제 행동으로 대중을 끌어들이고 모든 기본적인 민주주의 요구를 위한 투쟁을 부르주아지에 대한 프롤레타리아트의 직접적 공격, 다시 말해 부르주아지를 수탈하는 사회주의혁명으로 확장하고 격화시키는 식으로 정식화되고 주장되어야 한다는 것을 의미한다. 사회주의혁명은 대규모 파업, 가두시위, 기아 폭동, 군대 내의 반란, 또는 식민지의 반란 등의 결과로서뿐 아니라 드레퓌스 사건과 차베른(Zabern) 사건과 같은 정치적 위기의 결과로서 또는 피억압 민족들의 분리를 묻는 국민투표 등과 연관되어서 발생할 수 있다.

제국주의하에서 민족 억압의 격화는 사회민주주의로 하여금 부르주아지가 민족들의 분리의 자유를 위한 "유토피아적" 투쟁이라고 부른 것을 거부해야 한다는 게 아니라, 그 반대로 이러한 영역**에서도 역시** 일어나고 있는 충돌들을 대중 행동과 부르주아지에 대한 혁명적 공격을 위한 근거로 이전보다도 더욱더 활용해야만 한다는 것을 의미한다.

3. 민족자결권의 의미와 그것의 연방과의 관계

민족자결권은 정치적 의미에서 독립의 권리, 억압 민족으로부터 자유로운 정치적 분리의 권리를 의미할 뿐이다. 구체적으로 이 정치적 민주주의 요구는 분리를 호소하는 선동을 실행할 완전한 자유, 그리고 분리를 요구하는 민족이 국민투표를 통해 분리 문제를 해결할 자유를 의미한다. 결론적으로 말해 이 요구는 결코 분리, 분할, 소국 형성의 요구와 동일한 것이 아니다. 그것은 다만 모든 형태의 민족 억압에 대한 투쟁을 논리적으로 표현한 것이다. 국가의 민주주의 체제가 완전한 분리의 자유에 가까이 접근하면 할수록, 실제로 분리를 하려는 노력은 점점 더 희박해지고 약해진다. 왜냐하면 경제적 진보의 관점에서나 대중의 이득의 관점에서나 커다란 국가를 형성했을 때의 이점은 의심할 여지가 없고 이 이점들은 자본주의의 성장과 함께 증가하기 때문이다. 민족자결의 인정은 연방을 원칙으로 삼는 것과 같지는 않다. 혹자는 이 원칙에 대한 확고한 반대자이자 민주주의적 중앙집중주의의 지지자이지만 완전한 민주주의적 중앙집중주의로 가는 유일한 방도로써 민족적 불평등보다는 연방을 선호할 수도 있다. 마르크스가 중앙집중주의자이면서도 아일랜드가 영국에 강압적으로 예속되는 것보다 차라리 영국과 아일랜드가 연방이 되기를 선호했던 것은 정확히 이러한 관점에서였다.

사회주의의 목표는 지금과 같이 인류가 소국들로 분할된 상태와 모든 민족적 고립을 철폐하는 것, 그리고 민족들을 서로 더욱 친밀하게 묶을 뿐 아니라 민족들을 융합하는 것이다. 이 목표를 달성하기 위해서, 우리는 한편으로 대중에게 소위 "문화적 민족적 자치"라고 일컬어지는 레너와 오토 바우어의 견해에 담긴 반동적인 성격을 설명해야 하고, 다른 한편으로는 피억압 민족의 해방을 일반적이고 애매한 문구나 공허한 연설로써가 아니라, 그리고 사회주의가 성립될 때까지 문제를 "연기하는" 식으로가 아니라, 억압 민족의 사회주의자들이 갖고 있는 위선과 비겁함을 특별히 고려한, 명확하고 정확하게 정식화된 정치적 강령으로서 요구해야 한다. 인류가 오직 피억압 계급의 독재라는 이행기를 경과해야만 계급 철폐를 이뤄 낼 수 있듯이, 인류는 모든 피억압 민족들의 완전한 해방, 다시 말해 분리의 자유라는 이행기를 경과할 때에만 민족들의 필연적인 통합을 이뤄 낼 수 있다.

4. 민족자결권 문제에 대한 혁명적, 프롤레타리아적 제출

민족자결의 요구뿐 아니라 우리의 민주주의적 최소 강령의 **모든** 항목은 우리들보다 **앞서** 소부르주아지에 의해 제기됐고, 이는 17~18세기로까지 거슬러 올라간다. 그리고 소부르주아지는 "평화로운" 자본주의를 신봉하며, 계급투쟁을 보지 않고 계급투쟁이 민주주의하에서 더욱 격렬해져 왔다는 사실을 보지 않은 채, 오늘날까지도 이 **모든** 요구를 유토피아적 방식으로 계속 제기하고 있다. 제국주의하에서 평등한 민족들의 평화로운 결합이라는 견해는 정확하게 이러한 성격의 것이다. 이것은 인민을 기만하는 것이며 카우츠키주의자들이 옹호하는 견해이다. 이러한 소부르주아적이고 기회주의적인 유토피아에 대항하여, 사회민주주의의 강령은 제국주의하에서 민족들이 억압 민족과 피억압 민족으로 분할되는 것이 기본적이고 중요하며 불가피한 사실이라는 점을 지적해야만 한다.

억압 민족의 프롤레타리아트는 병합에 반대하고 민족들의 평등한 권리 일반에 찬성하는, 일반적이고 진부한 문구로 자신을 제한해서는 안 된다. 그것은 어떠한 평화주의적 부르주아지도 반복할 수 있는 것이다. 프롤레타리아트는 제국주의 부르주아지가 특히 "불쾌하게" 여기는 문제, 즉 민족 억압에 기초한 국가의 **국경** 문제를 회피할 수 없다. 프롤레타리아트는 피억압 민족들이 어떤 국가의 경계 안에 강압적으로 억류되는 것에 반대하여 싸우지 않을 수 없다. 이것이 정확히 자결권을 위한 투쟁이 의미하는 바이다. 프롤레타리아트는 식민지와 "자기" 민족이 억압하는 민족들이 정치적 분리의 권리를 가져야 한다고 요구해야만 한다. 이것을 하지 않는다면 프롤레타리아 국제주의는 의미 없는 문구로 남을 것이고, 억압 민족과 피억압 민족의 노동자들 사이에서 상호 신뢰와 계급적 연대는 불가능할 것이다. 그리고 "자기" 민족에 의해 억압당하고, "자기" 나라 안에 강압적으로 억류된 민족들에 대해 침묵으로 일관하는 개량주의적이고 카우츠키주의적인 자결 옹호자들의 위선은 폭로되지 않은 채 남게 될 것이다.

반면 피억압 민족의 사회주의자들은 특히 억압 민족과 피억압 민족의 노동자들 사이에서 완전하고 절대적인 단결(조직적 단결을 포함하여)을 위해 싸우고 이를 유지하려고 해야 한다. 이러한 단결이 없다면 부르주아지의 모든 속임수·배반·책략에 직면하여 독자적인 프롤레타리아적 정책과 타국 프롤레타리아트와의 계급적 연대를 유지하는 것이 불가능하다. 왜냐하면 피억압 민족들의 부르주아지는 항상 민족 해방이라는 슬로건을 노동자들을 속이기 위한 수단으로 바꾸어 버리기 때문이다. 국내 정치에서 이들은 이 슬로건을 지배 민족의 부르주아지와 반동적 합의를 맺기 위한 수단으로서 활용한다(오스트리아와 러시아 지역의 폴란드인이 그 예로, 이들은 유대인과 우크라이나인 들을 억압하기 위해 반동 세력과 협약을 맺었다). 외교 영역에서 이들은 자신의 약탈적 목적을 채우기 위해 서로 싸우는 제국주의 열강 중 하나와 협약을 맺고자 갈망한다(발칸반도의 소국들이 추구하는 노선 등).

정치적 기만과 금융 수탈을 목적으로 한 무수한 공화주의 슬로건의 부르주아적 활용 사례(가령 라틴계 국가들의 경우)가 사회민주주의자로 하여금 공화주의를 거부하게 만들지 못하는 것처럼, 한 제국주의 열강에 맞선 민족 해방 투쟁이 특정한 조건하에서는 똑같은 제국주의적 이해들을 가진 다른 "열강"에 의해 이용될 수 있다는 사실은 사회민주주의자로 하여금 민족자결권의 인정을 거부하게 만들지 않을 것이다.[1]

1 말할 필요도 없는 것이지만, 민족자결권이 논리적으로 "조국 방위"를 뜻한다는 이유로 민족자결권을 부인하는 것은 매우 어리석은 일일 것이다. 똑같은 논리로, 다시 말해 똑같은 얄팍함으로, 1914~16년에 사회국수주의자들은 "조국 방위"를 정당화하려는 목적에서 민주주의 요구 중 아무거나(가령 공화주의의 요구), 민족 억압에 대항하는 투쟁에 관한 정식화라면 아무거나 언급해 댔다. 마르크스주의는 프랑스대혁명 때의 전쟁과 가리발디가 유럽에서 벌인 전쟁들의 경우 조국 방위를, 1914~16년의 제국주의 전쟁에서는 조국 방위 거부를 도출했다. 이것은 어떤 "일반 원칙"이나 강령의 어떤 조항에서가 아니라, 각각의 전쟁이 처해 있는 구체적인 역사적 상황에 대한 분석에서 나온 것이다.

5. 민족문제에 있어서 마르크스주의와 프루동주의

소부르주아적 민주주의자들과는 대조적으로, 마르크스는 예외 없이 모든 민주주의 요구를 절대적인 것이 아니라 봉건제에 대항하여 부르주아지가 지도한 인민의 대중 투쟁이 역사적으로 표현된 것이라고 보았다. 특정한 조건들하에서 노동자들을 기만하기 위한 부르주아지의 도구로 사용될 수 없었거나 사용되어 오지 않았던 민주주의 요구는 하나도 없었다. 정치적 민주주의 요구 중 하나, 즉 민족자결을 뽑아내 놓고 이것을 나머지 모든 요구와 대조하는 것은 이론상 근본적으로 잘못됐다. 실제로 프롤레타리아트는 오로지 공화제 요구를 배제하지 않는 민주주의에 대한 요구를 위한 모든 투쟁을 부르주아지를 타도하는 혁명적 투쟁에 종속시킬 때에만 자신의 독자성을 유지할 수 있다.

다른 한편으로, "사회혁명의 이름으로" 민족문제를 "거부했던" 프루동주의자들과는 다르게, 마르크스는 선진국 프롤레타리아 계급투쟁의 이해를 주로 염두에 두면서도, 국제주의와 사회주의의 기본 원칙—즉 만약 다른 민족을 억압하고서는 어느 민족도 자유로울 수 없다—을 전면에 내세웠다. 마르크스가 1848년 독일의 승리한 민주주의가 독일이 억압하고 있는 민족들의 자유를 선포하고 허용해야 한다고 요구했던 것은, 정확히 독일 노동자들의 혁명 운동이 갖는 이해라는 입장에서 나온 것이었다. 마르크스가 1869년 영국에서 아일랜드가 분리돼야 한다고 요구하면서 "…… 비록 분리된 후 연방이 올지 모르더라도"라고 부연했던 것은 정확히 영국 노동자들의 혁명 투쟁이라는 입장에서 나온 것이었다. 오직 이러한 요구들을 주장하면서 마르크스는 영국 노동자들을 국제주의의 정신으로 실제 교육할 수 있었다. 오직 이 방법을 통해 그는 주어진 역사적 문제의 혁명적 해결 방법을 기회주의자 및 부르주아 개량주의—이들은 반세기가 지난 지금까지도 아일랜드의 "개혁"을 수행하지 않고 있다—와 대립시킬 수 있었다. 오직 이러한 방법을 통해 마르크스는—소수민족들의 분리의 권리를 유토피아적이고 불가능하다고 외치고, 경제적 집적뿐 아니라 정치적 집적 또한 진보적 성격을 갖는다고 외치는 자본의 변호론자들과는 다르게—**비**제국주의적 방식으로 이루어지는 이러한 집적의 진보적 성격을 주장할 수 있었고, 강제가 아닌 모든 나라의 프롤레타리아트의 자유로운 결합이라는 기반 위에서 민족들이 결합해야 함을 주장할 수 있었다. 오직 이러한 방법을 통해 마르크스는 민족문제의 해결이라는 영역**에서도** 대중의 혁명적 행동을, 평등과 민족자결을 말뿐으로만 번번이 위선적으로 인정하는 것과 대립시킬 수 있었다. 1914~16년의 제국주의 전쟁과 이 전쟁이 폭로한 아우게이아스의 외양간 같은 기회주의자들과 카우츠키주의자들의 위선은 마르크스 정책이 올바른 것이었음을 현저하게 증명했으며, 이것은 모든 선진국을 위한 본보기 역할을 해야 한다. 왜냐하면 그들 모두 지금 다른 민족들을 억압하고 있기 때문이다.[2]

2 마르크스가 이를테면 1848년 체코의 경우와 같이 특정 인민의 민족운동을 반대한 것처럼, 마르크스주의 입장이 민족자결을 반드시 인정하는 것은 아니라는 사실이 종종 언급—가령 최근에는 독일 국수주의자 렌쉬의 『종(Die Glocke)』 58호 8, 9쪽—되곤 한다. 그러나 이것은 옳지 않은 주장이다. 왜냐하면 1848년에는 "반동적" 민족과 혁명적·민주적 민족을 구분할 수 있는 역사적, 정치적 근거가 존재했기 때문이다. 마르크스가 전자를 규탄하고 후자를 옹호한 것은 올바른 것이었다. 자결권은 민주주의의 여러 요구 중 하나이고, 당연히 민주주의의 일반적 이해에 종속되어야만 한다. 1848년과 그 후 여러 해 동안, 이러한 일반적 이해는 주로 차르 체제와 싸우는 것이었다.

6. 민족자결과 관련된 국가들의 세 가지 유형

이러한 점에서, 국가들은 세 가지 주된 유형으로 나누어져야 할 것이다.

첫째, 서유럽과 미국과 같은 선진 자본주의 국가들. 이 나라에서 부르주아적 진보적 민족운동은 이미 오래전에 끝났다. 이 "강대한" 민족 모두는 식민지나 자국 내에 있는 다른 민족을 억압한다. 이 지배 민족들의 프롤레타리아트가 갖는 임무는 아일랜드와의 관계에서 19세기 영국 프롤레타리아트가 가졌던 임무와 동일한 것이다.[3]

둘째, 동유럽. 오스트리아, 발칸 지역 나라들과 특히 러시아. 여기에서 부르주아 민주주의적 민족운동을 특히나 발전시키고 민족적 투쟁을 격화시킨 것은 20세기였다. 이러한 여러 나라에서 프롤레타리아트의 임무는 타국의 사회주의혁명을 조력하는 것뿐 아니라 자국의 부르주아 민주주의적 개혁을 달성하는 것과 관련하여, 민족자결권을 옹호하지 않고서는 성취될 수 없다. 이러한 연관 속에서 가장 어렵고 가장 중요한 임무는 억압 민족 노동자들의 계급투쟁과 피억압 민족 노동자들의

3 1914~16년의 전쟁을 피한 일부 소국들—가령 네덜란드와 스위스—의 부르주아지는 제국주의 전쟁에 참여하는 것을 정당화하기 위해 "민족자결" 슬로건을 광범위하게 사용하고 있다. 이것은 이 나라들의 사회민주주의자들로 하여금 자결을 거부하도록 만드는 동기가 된다. **제국주의** 전쟁에서 "조국 방위" 거부라는 올바른 프롤레타리아적 정책을 옹호하기 위해 잘못된 주장이 사용되고 있는 것이다. 그것은 이론적으로 마르크스주의의 왜곡을 낳고, 실천적으로 "지배" 민족에 의해 노예가 된 민족의 **수억** 인민을 경시하는 소국 특유의 편협한 마음자세로 이어진다. 고르터 동지는 자신의 뛰어난 팜플렛, 『제국주의와 전쟁, 사회민주주의』에서 그릇되게도 민족자결 원칙을 거부한다. 그러나 네덜란드령 동인도에 "정치적, 민족적 독립"을 즉각 허용하라고 요구하고, 이러한 요구를 제기하면서 이를 위해 투쟁하는 것을 거부하는 네덜란드의 기회주의자들을 폭로할 때에는 그것을 올바르게 **적용한다**.

계급투쟁을 단결시키는 것이다.

셋째, 중국, 페르시아, 터키와 같은 반식민지 국가들과 모든 식민지. 이곳은 10억 인구가 모여 있는 곳이다. 이러한 나라들에서 부르주아 민주주의 운동은 거의 시작도 안 했고, 완수되기에는 아직 거리가 멀다. 사회주의자들은 보상 없는 무조건적이고 즉각적인 식민지 해방—그리고 이 요구의 정치적인 표현은 민족자결권의 인정 그 이상도 그 이하도 의미하지 않는다—을 요구해야만 할 뿐 아니라, 이 나라들의 민족 해방을 위한 여러 부르주아 민주주의 운동에서 보다 혁명적인 요소들에 결정적인 지지를 보내야 하고, 그들을 억압하는 제국주의 열강에 **맞선** 반란을—만약 필요하다면 그들의 혁명전쟁까지도—도와줘야 한다.

7. 사회국수주의와 민족자결

제국주의 시대와 1914~16년의 전쟁은 선진국에서 벌어지는 국수주의와 민족주의에 맞선 투쟁을 특별하게 강조하게 만들었다. 사회국수주의자들 사이에, 다시 말해 기회주의자들과 카우츠키주의자들 사이에 민족자결 문제에 관한 두 가지 주된 경향이 존재한다. 그들은 이 전쟁에 "조국 방위" 개념을 적용함으로써 전쟁의 제국주의적이고 반동적인 성격을 은폐한다.

한편으로, 우리는 제국주의와 정치적 집적은 진보적이라고 변명하며 병합을 옹호하고, 민족자결권을 유토피아적이고 환상적이고 소부르주아적이라며 부정하는 상당히 공공연한 부르주아지의 심복들을 알고 있다. 독일에서는 쿠노, 파르부스와 극단적인 기회주의자들,

영국에서는 일부 페이비언주의자들과 노조 지도자들, 그리고 러시아에서는 셈콥스키, 리브만, 유케비치 등등의 기회주의자들이 이 부류에 포함될 수 있다.

다른 한편으로, 우리는 카우츠키주의자들을 알고 있는데, 여기에는 판데르벨데, 르노델, 그리고 영국과 프랑스의 많은 평화주의자들 등등이 포함된다. 이들은 전자와의 단결에 찬성하고, 실천적으로 전자와 완전히 일치한다. 이들은 민족자결권을 위선적으로 순전히 말뿐으로만 지지한다. 이들은 정치적 분리의 자유 요구를 "과도하다"[(너무 많이 요구되는 zu viel verlangt), 카우츠키, 『신시대』, 1915년 5월 21일]고 여긴다. 이들은 특히 억압 민족의 사회주의자들에게 혁명적 전술이 필요하다는 점을 주장하지 않는다. 그 대신 이들은 자신의 혁명적 의무를 숨기고, 자신의 기회주의를 정당화하며, 인민을 기만하는 일을 보다 쉽게 만들고 있고, 예속된 민족을 강압적으로 억류하는 국가의 **국경** 문제를 분명 회피하고 있다.

두 집단 공히 마르크스주의를 악용하고, 이미 아일랜드와 관련하여 직접 사례를 제공한 바 있는 마르크스의 전술이 가진 이론적 의의와 실천적 절박성을 이해할 수 있는 능력을 모두 상실한 기회주의자들이다.

병합이라는 특수한 문제는 전쟁 때문에 특히 절박한 문제가 됐다. 그러나 병합이란 무엇인가! 분명히, 병합에 대한 저항은 민족자결권의 인정을 의미하거나, 아니면 이 저항이 **현상 유지**를 옹호하고 혁명적 폭력을 포함한 **모든** 폭력을 반대하는 평화주의적 문구에 기반한다는 점을 의미한다. 그러한 문구는 근본적으로 잘못됐고 마르크스주의와 양립할 수 없다.

8. 가까운 미래에 해야 할 프롤레타리아트의 구체적인 임무

사회주의혁명은 아마도 매우 가까운 미래에 시작될지 모른다. 이런 경우 프롤레타리아트는 권력을 장악하고, 은행을 몰수하며, 다른 독재적 수단들을 도입하는 당면 임무에 직면할 것이다. 이 같은 순간에 부르주아지—그리고 특히 페이비언주의자나 카우츠키주의자 같은 지식인들—는 혁명을 제한된 민주주의적 목표에 한정해서 분열시키고 저지하려 노력할 것이다.

프롤레타리아가 부르주아 권력의 기둥들을 공격하기 시작하면 **어떠한** 순수한 민주주의 요구들도 어떤 의미에서 보면 혁명의 장애물로 작용할 수 있다. 그럼에도 불구하고 **모든** 피억압 민족의 자유(즉 그들의 민족자결권)를 선언하고 보장할 필요성은, 그것이 가령 1848년 독일과 1905년 러시아에서 부르주아 민주주의 혁명의 승리를 위하여 그랬던 것만큼이나 사회주의혁명에서도 절박한 것이 될 것이다.

하지만 사회주의혁명이 시작하기까지 5년이나 10년, 심지어 더 많은 해가 소요될 수도 있다. 이 경우에 임무는 1914~16년에 그랬던 것처럼 사회주의적 국수주의자와 기회주의자가 노동자 정당에 소속되거나 승리를 획득하는 것을 불가능하게 만들기 위해 대중을 혁명적 정신으로 교육하는 일이 될 것이다. 식민지와 아일랜드의 분리할 자유를 요구하지 않은 영국 사회주의자들, 식민지와 알자스인, 덴마크인, 폴란드인의 분리할 자유를 요구하지 않고, 민족 억압에 맞선 투쟁의 영역으로까지 직접적으로 혁명적 선전과 혁명적 대중 행동을 확대하지 않고, 억압 민족의 프롤레타리아트 사이에서 광범위한 비합법 선전을 실행하고 거리 시위와 혁명적 대중행동을 조직하기 위해 차베른 사건과 같은 사례를 활용하지 않은 독일 사회주의자들, 핀란드, 폴란드, 우크라이나의 분리할 자유를 요구하지 않은 러시아 사회주의자들 등등이 국수주의자로서 피와 진흙으로 얼룩진 제국주의 군주국들과 제국주의 부르주아지의 종복으로 행동하고 있다는 점을 대중에게 설명하는 것이 사회주의자의 임무일 것이다.

9. 자결에 대한 러시아, 폴란드 사회민주주의와 제2인터내셔널의 태도

자결권 문제에서 러시아의 혁명적 사회민주주의자와 폴란드 사회민주주의자 사이의 차이는, 러시아 사회민주노동당의 강령을 채택하고 폴란드 사회민주주의 대표의 저항에도 불구하고 이 강령에 민족자결권을 인정하는 제9항을 삽입했던 1903년 당대회 때만큼이나 이른 시기에 표면에 올라왔었다. 그 이후 폴란드 사회민주주의자들은 결코 자신들의 당 이름으로 우리 강령에서 제9항을 삭제하자거나 이를 다른 어떤 정식화로 대체하자는 제안을 반복하지 않았다.

인구의 57퍼센트, 즉 1억 이상의 사람들이 피억압 민족에 속하고, 이 민족들이 주로 변방 지역에 거주하며, 이 민족 중 몇몇은 대러시아인들보다 더 문명화 되어 있고, 정치체제가 그 특유의 야만적이고 봉건적인 성격으로 특징지어지고, 부르주아 민주주의 혁명이 아직 완수되지 못한 러시아에서, 차르 제정에 의해 억압받는 민족이 러시아로부터 자유롭게 분리할 권리를 인정하는 것은 자신들의 민주주의적, 사회주의적 목표들의 촉진을 위해서 사회민주주의자들에게 절대적으로 필수적이다. 1912년 1월에 재건된 우리 당은 1913년에 자결권을 재확인하고 이를 정확히 위에서 서술된 구체적 의미에 따라 설명하는 결의를 채택했다. 1914~16년 부르주아지와 기회주의적 사회주의자들(루바노비치, 플레하노프, 『노동자의 대의』 등) 사이에서 일어난 대(大)러시아 국수주의 광란은 우리에게 이 요구를 역설하고 이것을 거부하는 사람을 사실상 대러시아 국수주의와 차르 제정의 지지자로 간주하게 만드는 모든 이유를 제공해 왔다. 우리 당은 자결권에 반대하는 이와 같은 행동들에 대해 어떠한 책임도 결단코 지지 않을 것임을 선언한다.

민족문제에 관해 폴란드 사회민주주의자가 취한 입장을 가장 최근에 정식화한 선언(치머발트 협의회에서 발표된 폴란드 사회민주주의 선언)은 아래와 같은 생각을 포함한다.

이 선언은 "폴란드 지역"을 다가오는 배상 게임의 볼모로 취급하고 "**폴란드 인민에게서 자신의 운명을 결정할 기회를 박탈한**" 독일과 다른 나라 정부들을 비난한다. 선언은 말한다. "폴란드 사회민주주의는 단호하고 엄숙하게 **나라 전체의 난도질과 분할**에 대해 저항한다." …… 이 선언은 "**피억압 민족을 해방시키는 임무**"를 호엔촐레른 왕가에게 위임한 사회주의자들을 비난한다. 이 선언은 오직 혁명적 국제 프롤레타리아트의 임박한 투쟁, 사회주의를 위한 투쟁에 참여하는 것만이 "**민족 억압의 족쇄를 깨고 모든 형태의 외세 지배**를 철폐할 수 있으며, **폴란드 인민**에게 국제연맹의 **동등한** 일원으로서 전면적인 자유로운 발전을 누릴 가능성을 보장할 수 있다."는 확신을 표현한다. 이 선언은 또한 현재의 전쟁이 "**폴란드 사람에게는**" "**이중의** 동족상잔"이라는 것을 인정한다. (『국제사회주의위원회 회지』, 2호, 1915년 9월 27일 15쪽. 논문집 『인터내셔널과 전쟁』에 실린 러시아어 번역본 97쪽.)

그들의 정치적 정식화가 제2인터내셔널의 강령과 결의문 다수에 비해 훨씬 애매하고 막연하다는 점을 제외하면, 이 공리들과 민족자결권의 인정 사이에는 실질적으로 아무런 차이도 없다. 이러한 견해를 정확한 정치적 정식으로 표현하려 하고 이것이 자본주의 체제에 적용되는지 아니면 오직 사회주의 체제에서만 적용되는지를 결정하려고 하는 시도는, 그것이 어떠한 것이든 폴란드 사회민주주의자들이 민족자결을 부인하면서 범한 오류를 더욱더 명백하게 증명할 것이다.

민족자결권을 인정했던 1896년 런던 국제사회주의자 대회의 결정은 앞서 언급한 명제들에 의거하여 아래의 내용을 기술함으로써 보충되어야만 한다. (1) 제국주의하에서 이 요구가 가지는 특별한 절박성, (2) 이 요구를 포함한 모든 정치적 민주주의 요구들이 지닌 정치적 제약성과 계급적 내용, (3) 억압 민족 사회민주주의자의 구체적 임무와 피억압 민족 사회민주주의자의 구체적 임무를 구분해야 할 필요성, (4) 기회주의자들과 카우츠키주의자들의 일관성 없고 순전히 말뿐인, 따라서 정치적 의의를 따지자면 위선적인 자결권 인정, (5) 사회민주주의자, 특히 "자기" 민족에 의해 억압받고 있는 식민지 및 민족들의 분리할 자유를 옹호하지 않는 거대 열강들의 사회민주주의자(대러시아인, 앵글로-아메리카인, 독일인, 프랑스인, 이탈리아인, 일본인 등)와 국수주의자가 사실상 똑같은 자들이라는 점, (6) 이제껏 논의된 요구와 정치적 민주주의의 모든 기본적 요구들을 위한 투쟁을 부르주아 정부의 타도와 사회주의 성취를 위한 혁명적 대중 투쟁에 직접 종속시킬 필요성.

몇몇 소국의 관점, 특히 인민을 민족주의적 슬로건으로 기만하는 폴란드 부르주아지에 맞서 투쟁하다가 자결권을 부정하는 잘못을

범한 폴란드 사회민주주의자들의 관점을 인터내셔널에 도입하는 것은 이론적인 오류일 것이다. 이것은 마르크스주의를 프루동주의로 대체하는 것이며, 실천적으로 거대 열강 민족들의 가장 위험한 국수주의와 기회주의에 본의 아닌 지지를 보내는 것을 의미한다.

러시아 사회민주노동당 중앙 기관지『사회민주주의자』편집부

[후 기]

최근 발행된『신시대』1916년 3월 3일 판에서 카우츠키는 힌덴부르크와 빌헬름 2세에게 봉사하겠다는 천한 목적을 가지고 합스부르크가 오스트리아에 존재하는 피억압 민족의 분리의 자유는 거부한 반면 **러시아령** 폴란드에 대해서는 자유를 인정함으로서, 가장 비열한 독일 국수주의의 대표자 아우스터리츠에게 기독교적 화해의 손길을 공개적으로 내밀었다. 이 보다 더 좋은 카우츠키주의의 자기 폭로를 바랄 수는 없었을 것이다!

제국주의와 사회주의의 분열**

기회주의가 (사회국수주의의 형태로) 유럽의 노동운동에서 획득한 기괴하고 구역질나는 승리와 제국주의 사이에 어떤 연관이 있는가?

이것은 현대 사회주의의 근본적 질문이다. 우리 당의 여러 문헌에서 첫 번째로 우리 시대와 현재 벌어지는 전쟁의 제국주의적 성격과, 두 번째로 사회국수주의와 기회주의 사이에 존재하는 정치적 이데올로기의 본질적인 유사성뿐 아니라 불가분의 역사적 연관을 완전히 확증해 왔던 것처럼, 우리는 이 근본적 질문을 계속해서 분석할 수 있고 분석해야만 한다.

우리는 가능한 한 정확하고 완전한 제국주의의 정의에서 시작해야만 한다. 제국주의는 자본주의의 특수한 역사적 단계이다. 이것의 특수한 성격은 다음의 세 가지이다. 즉 제국주의는 (1) 독점자본주의이고, (2) 기생적인, 혹은 부패한 자본주의이고, (3) 사멸하는 자본주의이다. 독점에 의한 자유경쟁의 대체는 근본적인 경제적 특징이며, 제국주의의 **정수**이다. 독점은 스스로를 다섯 가지 주요한 형태들로 드러난다.

** 이 글은 레닌이 1916년 10월경 쓴 글로 1916년 12월 『사회민주주의 평론』 제2호에 N. 레닌이라는 이름으로 게재됐다.

(1) 카르텔·신디케이트·트러스트—생산의 집적은 이러한 자본가들의 독점적 단체들이 등장하는 수준에 도달했다. (2) 거대 은행들의 독점적 위치—세 곳, 네 곳, 혹은 다섯 곳의 대은행들이 미국, 프랑스, 독일의 전체 경제생활을 조종한다. (3) 트러스트들과 금융과두제에 의한 **원자재** 공급원 장악(금융자본은 은행자본과 융합한 독점 산업자본이다). (4) 국제 카르텔들에 의한 세계의 (경제적) 분할이 **시작**됐다. 이미 세계 시장 **전체**를 지배하고 이것을 그들 사이에서—전쟁이 이것을 **재**분할할 때까지—"우호적으로" 분할하는 국제 카르텔들과 같은 것들이 100개 이상 존재한다. 비독점 자본주의하에서는 상품수출과는 구분되는 자본수출이 극히 특징적인 현상이다. 자본수출은 세계의 경제적·영토적·정치적 분할과 긴밀하게 연결되어 있다. (5) 세계의 영토 분할(식민지)이 **완료**됐다.

미국과 유럽, 그리고 나중에는 아시아에서, 자본주의의 최고 단계인 제국주의는 1898~1914년 사이에 최종적 형상을 취했다. 스페인-미국 전쟁(1898년), 보어전쟁(1899~1902년), 러일전쟁(1904~05년), 그리고 1900년에 있었던 유럽의 경제 위기가 세계사의 새로운 시대를 가리키는 중요한 역사적 경계 표식이다.

제국주의가 기생적인, 혹은 부패한 자본주의라는 사실은 무엇보다도 우선 생산수단의 사적 소유 체제하에서 발생한 **모든** 독점의 특징인 부패 경향에서 분명하게 나타난다. 민주주의적·공화주의적 제국주의 부르주아지와 반동적 군주국을 지지하는 제국주의 부르주아지 사이의 차이는, 바로 이들 모두가 산 채로 썩어 가고 있다는 이유에서 소멸된다(이것이 개별 산업부문에서, 개별 국가에서, 그리고 개별 시기에서,

자본주의가 이례적으로 급속하게 발전하는 것을 전혀 배제하지는 않는다). 두 번째로 자본주의의 부패는 "이표 절취"에 의해 살아가는 자본가들인 막대한 금리생활자 층이 형성됐다는 데에서 분명해진다. 중요 제국주의 국가 네 곳—영국, 미국, 프랑스, 독일—에서 유가증권에 들어가 있는 자본은 1천 억 프랑 혹은 1500억 프랑에 달하며, 여기에서 각국은 적어도 연간 수입으로 50억에서 60억을 손에 넣고 있다. 세 번째로 자본수출은 기생성이 최고 절정에 이른 것이다. 네 번째로 "금융자본은 자유가 아니라 지배를 위해 애를 쓴다." **도처에서 발생하는** 정치적 반동은 제국주의 특유의 특징이다. 부패, 막대한 규모의 매수, 그리고 모든 종류의 협잡. 다섯 번째로 피억압 민족들에 대한 착취—이것은 병합과 불가분으로 연결되어 있다—그리고 특히 한 줌의 "거대" 열강들에 의한 식민지 착취는 "문명" 세계를 점점 더 미개 민족에 속하는 수억의 사람들에게 달라붙은 기생충으로 변화시킨다. 로마의 프롤레타리아는 사회의 희생을 통해 생존했다. 근대 사회는 근대 프롤레타리아의 희생을 통해 생존하고 있다. 마르크스는 시스몽디의 이 심오한 관찰을 특별히 강조했다. 제국주의는 어느 정도 상황을 변화시킨다. 제국주의 국가에서 프롤레라티아트의 특권적 상층은 부분적으로 미개 민족들에 속하는 수억 명을 희생하여 살고 있다.

왜 제국주의가 **사멸하는** 자본주의인지, 사회주의로 **이행**하고 있는 자본주의인지, 그 이유는 분명하다. 자본주의로부터 성장한 독점은 **이미** 죽어 가는 자본주의이며, 사회주의로의 이행이 시작된 것을 뜻한다. 제국주의가 이뤄 낸 엄청난 노동의 **사회화**는(제국주의의 변호론자들—부르주아 경제학자들—은 이를 "얽힘"이라고 부른다.) 똑같은 결과를 만들어 낸다.

제국주의에 관한 이러한 정의를 진척시키는 것은 우리를 카우츠키와는 완전히 다른 방향으로 이끈다. 카우츠키는 제국주의를 "자본주의의 단계"로 보는 것을 거부하고 이를 금융자본이 "선호하는" **정책**, "농업" 국가들을 병합하려는 "산업" 국가들의 경향으로 정의한다.[1] 카우츠키의 정의는 이론적 견지에서 볼 때 철저하게 오류이다. 제국주의를 특징짓는 것은 산업자본의 지배가 **아니라** 금융자본의 지배이며, 딱히 농업 국가가 **아닌 모든** 종류의 국가를 병합하려는 노력이다. 카우츠키는 제국주의 정치와 제국주의 경제를 **분리하며**, "군비 축소", "초제국주의" 및 여타 헛소리 등 자신의 속류 부르주아 개량주의로 가는 길을 닦기 위해 경제에서의 독점과 정치에서의 독점을 분리한다. 이러한 이론적 기만에 담긴 전반적 목적 및 의미는 제국주의의 **가장 깊은** 모순들을 모호하게 만드는 것이며, 따라서 제국주의의 변호론자들, 명백한 사회국수주의자들, 그리고 기회주의자들과 "단결"을 추구하는 이론을 정당화하는 것이다.

우리는 『사회민주주의자』와 『공산주의자』에서 이러한 요점으로 카우츠키가 마르크스주의와 단절했음을 충분한 분량으로 다뤘다. 우리 러시아의 카우츠키 추종자들은 하나의 경향으로서 카우츠키주의라는 문제에 대해 조심스러운 침묵을 유지하는 길을 택했다. 이들은 악셀로드와 '구경꾼'이 이끄는 조직위원회의 지지자들로, 심지어

1 "제국주의는 고도로 발전한 산업자본주의의 산물이다. 그것은 모든 산업자본주의 민족이 계속 더 넓은 **농업** 영토를, 그곳에 어떤 민족들이 거주하고 있는지 개의치 않고, 자신의 통제하에 두거나 병합하려고 노력하는 것이다."(카우츠키 『신시대』, 1914년 9월 11일.)

마르토프와 상당 부분 트로츠키까지도 포함된다. 이들은 카우츠키가 전쟁 기간에 쓴 글들을 감히 옹호하지 않지만, 그저 카우츠키를 찬미하거나(조직위원회가 러시아어 출판을 **약속**했던 악셀로드의 독일어 팜플렛에서) 카우츠키의 사적 편지들을 인용하는 것('구경꾼')으로 스스로를 제한했다. 이 편지에서 카우츠키는 자신도 반대파에 속해 있다고 말하면서 교활하게 자신의 국수주의적 공식 발언들을 무효로 만들려고 시도한다.

카우츠키의 제국주의 "개념"은 힐퍼딩의 『**금융자본**』(힐퍼딩이 아무리 지금 주도면밀하게 카우츠키 및 사회국수주의자들과의 "단결"을 옹호할지라도!)과 비교했을 때뿐 아니라 **사회자유주의자** J. A. 홉슨과 비교했을 때에도 퇴행이라는 것을 언급해야만 한다. 전혀 마르크스주의자라고 말할 수 없는 이 영국의 경제학자는 1902년 출판된 책에서 훨씬 더 깊이 있게 제국주의를 정의했고 그 모순들을 폭로했다.[2] 다음은 홉슨(그의 책에서는 카우츠키의 평화주의적이고 "타협적인" 진부한 말들을 거의 모두 찾아 볼 수 있다.)이 제국주의의 기생적 본성이라는 극히 중요한 문제에 관해 썼던 것이다.

홉슨의 의견으로는 두 가지 상황이 구 제국들의 권력을 약화시켰다. (1) "경제적 기생성", (2) 종속민들로 이루어진 군대 편제. "첫 번째로 경제적 기생성이라는 성질이 있는데, 이것을 통해 지배 국가는 자국의 지배계급을 부유하게 만들고 하층 계급들을 매수하여 동의를 이끌어 내기 위해 지방과 식민지, 종속국을 이용해 왔다." 두 번째 상황과 관련해 홉슨은 다음과 같이 쓴다.

"제국주의의 맹목성을 보여 주는 가장 강력한 징후들 중 하나는 [제국주의자들의 "맹목성"에 관한 이러한 읊조림이 "마르크스주의자"라는

2 J. A. Hobson, *Imperialism*, London, 1902.

카우츠키로부터가 아니라 사회자유주의자인 홉슨으로부터 더 적절하게 나오고 있다.]

대영제국, 프랑스, 그리고 제국으로 존재하는 다른 민족들이 이렇게 위험한 의존에 편승하면서도 분별없이 냉담한 모습을 보여 주고 있다는 점이다. 우리가 인도 제국에게 승리한 대부분의 전투는 원주민들이 수행했다. 보다 근래에 이집트에서 그랬던 것처럼, 인도에는 영국의 지휘관들 휘하에 엄청난 상비군이 존재한다. 남아프리카 지역을 뺀 우리의 아프리카 영토와 연관된 거의 모든 전투는 우리를 대신해 원주민들이 수행했다."

중국 분할 전망과 관련해서는 홉슨으로부터 다음의 경제적 평가를 이끌어 낼 수 있다. "그렇게 되면, 서유럽의 더 많은 지역들이 오늘날 이미 잉글랜드 남부 지역의 농촌, 리비에라 및 이탈리아와 스위스의 관광 지대나 주택 지대가 보여 주고 있는 모습과 성격을 띠게 될지도 모른다. 이곳은 극동으로부터 배당금과 연금을 거두어들이는 극소수 부유한 귀족 집단, 이와 함께 그보다는 더 많은 수의 전문적 종복 및 소상인 집단, 그리고 운송 업무 및 쉽게 변질되는 제품들의 최종 생산단계에 종사하는 더 많은 노동자와 하인 들의 무리로 이루어진 소규모 집단 거주지이다. 모든 주요 기간산업은 사라져 버리고, 아시아와 아프리카로부터 주식량과 제조업 제품까지 공물로 유입될 것이다. …… 우리는 서유럽 국가들의 더욱 큰 동맹, 즉 일종의 유럽 열강 연합의 가능성까지 예견해 왔다. 이것은 곧 세계 문명의 대의로 나아가기는커녕 서유럽의 기생성이라는 거대한 위험을 초래할 수 있는 선진 산업국 집단이다. 거기에서 그 상층계급들은 아시아, 아프리카로부터 막대한 공물을 거두어들이며, 이것으로 이제 더 이상 농업과 공업의 주요 산업에 종사하지 않고 새로운 금융 귀족의 지배하에서 개인적 또는 부차적 산업 서비스를 수행하는 수많은 비굴한 종복들을 유지한다. 이러한 이론을 [그는 전망이라고 말했어야 한다.] 과도한 고찰이라고 코웃음 치는 사람이 있다면, 이미 이러한 상태에 빠져 버린 오늘날 남부 잉글랜드의 경제적, 사회적 조건을 살펴보라. 또한 중국을 금융업자, 투자자, 정치·기업 관료 등과 같은 집단의 경제적 지배에 종속시킴으로써 이러한 체제가 엄청나게 확장될 가능성이 있다는 점을 생각해 보라. 이는 세계 역사상 가장 커다란 이윤의 잠재적 저수지에서 퍼낸 이윤을 유럽에서 소비하는 것이 된다. 물론 사태가 너무 복잡하고 세계 여러 세력의 움직임도 예측하기 매우 어렵기 때문에, 미래에 대해 이러한 해석, 또는 다른 어떤 유일한 해석밖에 있을 수 없다고 단정 지을 수는 없다. 그러나 오늘날 서유럽의 제국주의를 좌우하고 있는 영향력들이 이 방향으로 움직이고 있으며, 이에 대한 저항이나 방향 전환이 없는 한 대략 그와 비슷한 결말을 향해 나아갈 것이다."

사회자유주의자 홉슨은 이러한 "저항"이 **오직** 혁명적 프롤레타리아트에 의해서만, **오직** 사회혁명이라는 형태로만 이루어질 수 있다는 점을 이해하지 못한다. 그는 고작 사회자유주의자에 불과하다! 그럼에도 불구하고 1902년 초에 그는(카우츠키주의자인 트로츠키를 위해 말해두지만!) "유럽합중국"과 현재 각국의 **위선적인 카우츠키주의자들**이 얼버무리고 있는 모든 것들의 의미와 의의, 다시 말해 **기회주의자들**(사회국수주의자들)이 **바로** 아시아와 아프리카를 발판으로 하여 제국주의적 유럽을 만들기 위해 제국주의적 부르주아지와 한통속으로 움직이고 있다는 사실과 객관적으로 **기회주의자들**은 제국주의적 초과이윤에 **매수되어** 자본주의의 **파수견**이자 노동운동을 **타락시키는 자**로 전향해 버린 소부르주아지의 한

부문이거나 노동자계급의 특정층이라는 사실을 훌륭하게 고찰했다.

논문들과 우리 당의 여러 결의문 속에서, 우리는 노동운동 내에서 (오랫동안?) 승리해 왔던 기회주의와 제국주의적 부르주아지 사이의 가장 심오한 연관, 경제적 연관을 반복해서 지적해 왔다. 그리고 덧붙이자면 이로부터 우리는 사회국수주의자들과의 분열이 불가피하다는 결론을 내렸다. 우리의 카우츠키주의자들은 이 문제를 회피하는 것을 택했다! 예를 들면 마르토프는 자기가 한 여러 강연에서 궤변을 하나 입에 담았다. 그것은 『조직위원회 해외서기국 회보』(제4호, 1916년 4월 10일)에 다음과 같이 표현되었다.

"……만약 노동자들 가운데 이러한 집단이 정신적 발전에서 '인텔리겐치아'에 매우 근접해 있고 최고로 숙련됐는데도 불구하고 숙명적으로 혁명적 사회민주주의로부터 기회주의로 흐른다면, 혁명적 사회민주주의라는 대의는 우울하고 진정 희망이 없는 궁지에 놓일 것이다……."

"숙명적으로"라는 엉터리 단어와 약삭빠른 술수를 써서 노동자들 가운데 **특정** 집단이 기회주의와 제국주의적 부르주아지에게로 **이미 넘어갔다는 사실**을 회피하고 있는 것이다! 그리고 이것이 바로 조직위원회의 궤변가들이 회피하길 바라는 사실이다! 그들은 카우츠키주의자인 힐퍼딩과 다수의 사람들이 현재 자랑스럽게 내걸고 있는 '공식적 낙관주의'에 자신들을 가둬 둔다. 그것에 따르면, 객관적 조건들은 프롤레타리아트의 단결과 혁명적 경향의 승리를 보장한다! 이런 식이면, 우리도 프롤레타리아트에 관한 "낙관론자"들이다!

그러나 실제로는 이들 카우츠키주의자들은 모두 — 힐퍼딩,

조직위원회의 지지자들, 마르토프 등등—**기회주의**에 관한 …… **낙관론자들**이다. 이것이 실상이다.

프롤레타리아트는 자본주의—유럽 자본주의나 제국주의적 자본주의뿐만 아니라 세계 자본주의—의 자식이다. 세계적 규모에서 50년 일찍이든 50년 늦게든—**세계적** 규모에서 볼 때 이것은 사소한 문제이다—"프롤레타리아트"는 당연히 '단결'할 것이며, 혁명적 사회민주주의는 '불가피하게' 그 속에서 승리할 것이다. 하지만 카우츠키주의자 양반들, 중요한 것은 그게 아니다. 요점은 현재 유럽 제국주의 국가들 안에서 기회주의자들에게 **당신들이 아첨하고 있다는 점이다**. 기회주의자들은 계급으로서 프롤레타리아트에게는 **낯선** 존재이고, 부르주아지의 하인이자 대리인이고 그들의 영향력을 전달하는 수단이다. 운동 속에서 그들을 **제거**하지 **않는다면** 노동운동은 **부르주아적 노동운동**으로 남을 것이다. 기회주의자인 레기엔, 다비트, 플레하노프, 치헨켈리, 포트레소프 등등과의 "단결"을 옹호함으로써, 당신들은 객관적으로, 제국주의적 부르주아지가 노동운동에서 그들의 가장 뛰어난 대리인들의 도움을 받아 노동자들을 **노예화**하는 것을 옹호하고 있다. 세계적 규모에서 볼 때 혁명적 사회민주주의의 승리는 절대적으로 불가피하지만, 그 승리는 당신들에 **반하여** 움직이고 있고 또한 움직일 것이며, 나아가고 있고 또한 나아갈 것이다. 그것은 당신들에 **대한** 승리가 될 것이다.

1914~16년에 전 세계에 걸쳐 뚜렷하게 서로 갈라지게 되었고 **2개**의 당이라고까지 할 수 있는 오늘날 노동운동 내 이러한 두 가지 경향은 대략 1858년부터 1892년까지 **수십 년**에 걸쳐 **마르크스와 엥겔스가**

영국에서 추적했던 것이다.

마르크스나 엥겔스는 1898~1900년이 되어서야 시작된 세계 자본주의의 제국주의 시대를 생전에 보지 못했다. 그러나 이미 19세기 중반에 최소한 제국주의의 **두 가지** 주요한 특징들이 나타나고 있었다는 데에 영국의 특수성이 존재했다. (1) 광대한 식민지와 (2) (세계시장에서 독점적 지위에 기인하는) 독점이윤이 그것이다. 두 가지 점에서 영국은 당시 자본주의국가 중에서 예외였고, 마르크스와 엥겔스는 이러한 예외를 분석하여, 그것과 영국 노동운동 내에서 기회주의가 (일시적으로) 승리한 것 사이의 **연관**을 매우 분명하고도 확실하게 지적했다.

1858년 10월 7일 마르크스에게 보낸 편지에서 엥겔스는 다음과 같이 쓰고 있다. "…… 영국의 프롤레타리아트는 사실상 점점 더 부르주아가 되어 가고 있어서, 모든 민족들 중에서 가장 부르주아적인 이 민족은, 부르주아지와 나란히, 부르주아적 귀족과 부르주아적 프롤레타리아트를 보유하는 것을 궁극적인 목표로 삼고 있네. 전 세계를 착취하는 민족으로서는 이것이 물론 어느 정도 당연한 것이네." 1872년 9월 21일 조르게에게 보낸 편지에서 엥겔스는, 마르크스가 "영국 노동운동의 지도자들은 스스로를 팔아먹었다."라고 발언했다는 이유로, 헤일즈가 인터내셔널의 합동 평의회에서 큰 소동을 일으켰고 마르크스에 대한 견책 결의를 손에 넣었다고 알리고 있다. 1874년 8월 4일 마르크스는 조르게에게 다음과 같은 편지를 썼다. "이곳[영국]의 도시 노동자들에 관한 한, 그 지도자들 전체가 하원의원이 되지 못한 것은 애석한 일이네. 이것이야말로 그들을 모두 쓸어버릴 수 있는 가장 확실한 길이었을텐데." 1881년 8월 11일 마르크스에게 보낸 편지에서 엥겔스는

"부르주아지에게 자기를 팔아먹었거나, 혹은 적어도 돈을 받아먹은 사람들이 조직을 지도하도록 허용한 가장 저열한 영국의 노동조합"에 대해 언급하고 있다. 1882년 9월 12일 카우츠키에게 보낸 편지에서 엥겔스는 다음과 같이 쓰고 있다. "자네는 나에게 영국의 노동자들이 식민 정책에 관해 어떻게 생각하는지 물었지. 글쎄, 그것은 영국의 노동자들이 정치 일반에 대해서 생각하는 것과 정확히 동일하네. 이곳에 노동자 정당은 없고, 단지 보수당과 자유주의-급진당만이 있을 뿐이야. 그리고 노동자들은 세계시장과 식민지에 대한 영국의 독점이 이뤄 낸 향연을 호사스럽게 나누고 있다네."

1889년 12월 7일 엥겔스는 조르게에게 다음과 같이 쓰고 있다. "이곳에서 가장 불쾌한 일은 노동자들의 뼛속 깊은 곳까지 자라난 부르주아적 '체면치레'라네. …… 내가 그들 중에서 가장 나은 사람이라고 간주하는 톰 만조차도, 자기가 메이어 경과 점심을 먹게 되었다고 좋아라 말하고 있네. 이것을 프랑스와 비교해 본다면, 사람들은 무엇보다 혁명이 어째서 좋은지 알게 될 것이네." 1890년 4월 19일 편지에서는, "그러나 표면 **아래에서** [영국 노동자계급의] 운동이 진행되고 있으며, 훨씬 더 광범한 부문들과 대부분 이제까지는 정체되어 있던 **최하층**(강조는 엥겔스) 가운데에 있는 이들을 포괄하고 있다네. 이 대중이 갑자기 **자신을 발견하고**, 이 거대한 활동적인 대중이 바로 자신이라는 점을 깨달을 날이 이제 더 이상 멀지 않았다네." 1891년 3월 4일에는, "괴멸된 부두 노동조합의 실패. **부유하고** 그래서 비겁한, '낡은' 보수적 노동조합만이 홀로 남아 있다 ……." 1891년 9월 14일에는 뉴캐슬 노동조합 회의에서 8시간 노동일을 반대한 낡은 조합 활동가들이 패배했고 "부르주아 신문들은 **부르주아적 노동자당**의 패배를 인정하고 있다네."(강조는 전체적으로 엥겔스의 것이다.) …….

엥겔스가 수십 년에 걸쳐 반복해서 말했던 이러한 견해들을 언론에도 역시 공공연히 표명했다는 사실은, 그가 1892년 『영국 노동계급의 상황』 제2판에 쓴 서문에서 입증된다. 여기에서 그는 "수많은 노동 인민"과 구별되는 "노동자계급 가운데 존재하는 귀족", "노동자들 중 특권적 소수"에 대해 말하고 있다. 노동자계급 가운데 "얼마 안 되는 특권적이며 보호받는 소수"만이 1848~68년에 존재한 영국의 특권적 지위에서 "지속적인 이익"을 얻었던 반면, "노동자들의 막대한 다수는 기껏해야 일시적인 개선을 경험했을 뿐이다." …… "[영국의 산업] 독점이 붕괴되면, 영국 노동자계급은 그러한 특권적 지위를 상실할 것이다. ……." "새로운" 노조, 즉 비숙련 노동자들로 이루어진 노조의 조합원들은 "그들의 정신이, 더 나은 상황에 있는 '낡은 노조 활동가들'의 머리를 혼란스럽게 해 온 구래의 '점잖은' 부르주아적 편견들로부터 완전히 자유로운 처녀지와도 같다는 커다란 이점을 지녔다." 영국에서 "이른바 노동자 의원"이라고 하는 치들은, "스스로 나서 자신의 자유주의라는 바다에 자신의 노동자라는 본질을 익사시키고 싶어 하기 때문에 자신이 노동자계급의 일원이라는 것을 용서받은 ……. " 사람들이다.

우리는 독자들이 마르크스와 엥겔스가 직접 말한 것들을 **전체적으로** 연구할 수 있도록 의도적으로 다소 길게 인용했다. 그것들은 연구되어야 하며, 주의 깊게 숙고할만한 가치가 있다. 그것들은 제국주의 시대의 객관적 조건이 부여하는 노동운동 전술의 **중심축**이기 때문이다.

이점에서도 역시 카우츠키는 "논지를 흐리고자" 노력했고,

마르크스주의를 기회주의자들과의 감정적 화해로 대체하고자 시도했다. 영국의 독점을 파괴하기 위한 수단이라는 이유로 독일의 참전을 정당화하고 있는 공공연하고 순진한 사회제국주의자들(렌쉬와 같은 자들)에 반대하는 주장을 하면서, 카우츠키는 이러한 명백한 오류를 또 다른 마찬가지로 명백한 오류로 "**정정한다**." 그는 냉소적인 오류 대신에 얌전한 오류를 범하고 있다! 그는 영국의 **산업** 독점이 이미 오래전에 중단됐고, 이미 오래전에 파괴됐으며, 파괴될 것은 아무것도 남아 있지 않다고 말한다.

이러한 주장은 어째서 오류인가?

그 이유는 첫째, 그것이 영국의 **식민지** 독점이라는 문제를 간과하고 있기 때문이다. 이와 달리 엥겔스는 우리가 보았듯이 일찍이 34년 전인 1882년에 이것을 분명하게 지적했다! 비록 영국의 산업 독점은 파괴됐을지 모르지만, 식민지 독점은 남아 있을 뿐 아니라 극도로 강화됐다. 왜냐하면 전 세계의 분할이 이미 완료됐기 때문이다! 이러한 얌전한 거짓말을 통해, 카우츠키는 '싸울 이유가 하나도 없다'는 부르주아 평화주의적이고 기회주의적·속물적 사고를 밀수하고 있다. 이와 달리 **자본가들은** 지금 싸워야만 하는 이유를 갖고 있을 뿐 아니라, 만약 자본주의를 유지하고자 한다면 싸우지 **않을 수 없다**. 왜냐하면 식민지를 강제로 재분할하지 않고서는, **신흥** 제국주의 국가들은 더 오래된(**그리고 더 약한**) 제국주의 열강들이 누렸던 특권들을 얻을 수 없기 때문이다.

둘째, 어째서 영국의 독점은 영국에서 기회주의가(일시적으로) 승리한 이유를 설명할 수 있는가? 그 이유는 독점이 **초과이윤**, 즉 전 세계적으로 정상적이고 관례적인 자본가들의 이윤을 상회하는 이윤의 잉여를 낳기 때문이다. 자본가들은 이 초과이윤의 일부(이것은 적지 않은 양이다!)를 **자국** 노동자들을 매수하고, 타국에 **대항하는** 해당 민족 노동자들과 자본가들 사이의 동맹(웹 부부가 묘사한 영국 노동조합들과 고용주들 사이의 축복받을 "동맹"을 회상해 보라.) 따위를 창출하는 데 **충당될 수 있다**. 영국의 산업 독점은 이미 19세기 말에 파괴됐다. 그것은 이론의 여지가 없다. 하지만 이 파괴는 **어떻게** 일어났는가? **모든** 독점이 사라졌던 것인가?

만약 그렇다면 카우츠키의 (기회주의자들과의) 화해 "이론"은 어느 정도 정당화될 수 있다. 하지만 사실은 그렇지 **않으며**, 바로 이 점이 중요하다. 제국주의는 독점자본주의**이다**. 모든 카르텔·트러스트·신디케이트, 모든 거대 은행은 독점체**이다**. 초과이윤은 사라지지 않았고, 아직도 남아 있다. 특권을 가진 금융적으로 부유한 한 국가가 다른 **모든** 국가들을 착취하는 일은 여전하며 훨씬 더 심해졌다. 한 줌의 부유한 국가들—만약 우리가 독립적이고 진정 거대하며 "근대적인" 부를 말하는 것이라면, 그러한 국가들은 오직 4개국, 즉 영국, 프랑스, 미국, 독일뿐이다—은 독점을 거대한 규모로 발전시켰다. 그들은 수십억은 안 될지라도 수억에 달하는 **초과**이윤을 얻고 있다. 그들은 다른 나라의 수백억 인민의 "등 위에 올라앉아", 특히 풍요롭고, 특히 기름지며, 특히 손쉬운 전리품들을 분할하기 위해 서로 싸우고 있다.

사실 이것이 제국주의의 경제적, 정치적 본질이며, 카우츠키가 폭로하는 대신에 얼버무리고 있는 뿌리 깊은 모순이다.

초과이윤이 해마다 대략 10억 프랑에 달하기 때문에, 제국주의 "열강"의 부르주아지가 한 해 1억 프랑 정도를 사용해서 "자국" 노동자 상층을 매수하는 것이 **경제적으로 가능하다**. 그리고 이렇게 조그마한 빵 조각이 노동자 각료들, '노동자 의원들'(이 용어에 대한 엥겔스의 훌륭한 분석을 기억하라), 전쟁산업위원회의 노동자 위원들, 노동 관리들, 협소한 직능조합에 속해 있는 노동자들, 사무직 고용자들 등등 사이에서 어떻게 분배되는지는 이차적인 문제인 것이다.

1848년에서 1868년 사이, 그리고 그 후에도, 영국만이 어느 정도 독점적 지위를 누렸다. **그것이** 기회주의가 그곳에서 수십 년 동안 만연할 수 있었던 **이유**이다. 다른 **어떤** 나라들도 매우 풍부한 식민지나 산업 독점을 획득하지 못했다.

19세기의 마지막 30여 년 동안에 새로운 제국주의 시대로의 이행이 나타났다. 단 한 나라가 아니라, 그 수는 적지만 몇몇 열강들의 금융자본이 독점적 지위를 누리고 있다(일본과 러시아에서는 군사력, 광대한 영토, 소수민족들과 중국을 약탈하기 위한 특수 시설들에 대한 독점이 근대적이고, 최근에 생겨난 금융자본의 독점을 부분적으로 보완하고 부분적으로 대체한다). 이러한 차이가, 영국의 독점적 지위가 수십 년 동안 **도전받지 않은 채**로 남을 **수 있었던** 이유를 설명한다. 근대 금융자본의 독점은 격렬하게 도전받고 있으며, 제국주의 전쟁의 시대가 시작됐다. 그 당시에는 **한 나라의** 노동자계급을 수십 년 동안 매수하고 부패시키는 것이 가능했다. 지금은 그것이 비록 불가능하지는 않을지라도, 쉽지는 않다. 그러나 다른 한편, 모든 제국주의 "열강"은 (1848~68년 영국에서보다) **더 작은** 층의 "노동귀족"을 매수할 수 있고 또 매수하고 있다. 이전에는 한 나라만 독점을 누렸기 때문에, 엥겔스의 매우 심오한 표현을 빌린다면, "**부르주아적 노동자당**"이 한 나라에서만 생겨날 수 있었던 반면 오랫동안 존재할 수 있었다. 지금은 "**부르주아적 노동자당**"이 **모든** 제국주의 국가에서 **불가피하고**

전형적이다. 그러나 전리품의 분할을 위해 그들이 벌이고 있는 필사적인 투쟁을 생각해 보면, 그러한 당이 여러 나라에서 오랫동안 번창할 수 있을 것 같지는 않다. 왜냐하면 트러스트와 금융과두제, 높은 가격 따위는 상층에 있는 한 줌을 매수하는 것을 **가능케** 하지만, 프롤레타리아트와 반프롤레타리아트 **대중**을 점점 더 억압하고 짓밟으며 파산시키고 괴롭히기 때문이다.

한편으로 소수의 매우 부유하고 특권적인 민족들을 나머지 인류의 몸에 "영원히" 기생하는 존재로 탈바꿈시키며, 근대 군사주의가 제공하는 뛰어난 전멸 수단의 도움으로 흑인, 인도인 등을 계속 종속시키면서 그들을 착취하는 데 "만족하는" 부르주아지와 기회주의자들의 경향이 존재한다. 다른 한편으로 이러한 굴레를 던져 버리고 부르주아지를 타도하고자 하는, 이전보다 훨씬 더 억압받고 있고 제국주의 전쟁에 정면에서 맞서고 있는 **대중들**의 경향이 존재한다. 이제 바로 이 두 경향 사이의 투쟁 속에서 노동운동의 역사가 불가피하게 발전하게 될 것이다. 왜냐하면 첫 번째 경향은 결코 우연한 것이 아니라 경제적으로 "실증되기" 때문이다. **모든** 국가에서 부르주아지는 이미 자신들을 위해 사회국수주의자들의 "부르주아적 노동자당"을 낳아서 기르고 보호해 왔다. 예를 들면 철저하게 사회제국주의적인 이탈리아의 비솔라티 당과 같이 뚜렷한 형태를 갖춘 정당과 포트레소프, 그보즈데프, 불킨, 치헤이제, 스코벨레프 일당 등의 이를테면 반쯤 형성된 유사 정당 사이의 차이는 대수롭지 않은 차이이다. 중요한 것은 경제적으로 노동귀족이라는 한 층이 부르주아지에게로 넘어가는 일이 충분히 성숙하여 기정사실로 됐다는 점이다. 그리고 이러한 경제적 사실,

이러한 계급 관계의 변화는 그다지 특별한 "어려움" 없이 어떠한 모습으로든 정치적 형태를 찾아낼 것이다.

위에서 언급한 경제적 토대 위에서, 근대 자본주의의 정치제도들—언론, 의회, 결사체, 회의체 등—은 경제적 특권과 빵 조각에 상응하여, 공손하고 정중하며 개량주의적이고 애국적인 사무직 고용자들과 노동자들에게 줄 **정치적** 특권과 빵 조각을 만들어 왔다. 정부나 전쟁산업위원회, 의회와 다양한 여러 위원회, "존경받는" 합법 신문의 편집진, 혹은 그와 마찬가지로 존경받으며 "부르주아적 법률을 엄수하는" 노동조합 운영위원회의 수지맞고 아늑한 일자리—이러한 것들이 제국주의적 부르주아지가 "부르주아적 노동자당"의 대표자들과 지지자들을 유인하고 보상해 주는 미끼인 것이다.

정치적 민주주의의 역학도 이와 동일한 방향으로 작용한다. 우리 시대에는 선거 없이는 어떠한 것도 할 수 없고, 대중 없이는 어떠한 것도 할 수 없다. 이러한 출판과 의회주의의 시대에는, 광범위하게 분화되고 체계적으로 운영되며 제대로 갖춰진 체제가 존재하여 아첨, 거짓말, 사기, 인기 있는 유행어를 통한 기만, 좌우를 막론하고 노동자들에게—그들이 부르주아지 전복을 목적으로 하는 혁명 투쟁을 포기하는 한—온갖 종류의 개량과 축복을 약속하는 짓을 하지 않으면, 대중의 추종을 얻는 것이 **불가능하다**. 나는 이러한 체제를 로이드 조지주의라고 부르고자 한다. 이는 "부르주아적 노동자당"의 고전적 고장에서 이 체제를 앞장서서 가장 능수능란하게 사용하는 대표자인 영국의 각료 로이드 조지의 이름을 딴 것이다. 일류 부르주아 조종자이자 교활한 정치꾼이고, 노동자 청중에게 여러분이 좋아할 어떤 연설이라도, 심지어는 혁-혁-혁명적인 연설까지도 할 수 있는 대중 연사인 동시에, 유순한 노동자들에게 사회 개혁(보험 등등)이라는 형태로 상당한 크기의 빵 조각을 능히 얻어다 줄 수 있는 사람이 로이드 조지이다. 로이드 조지는 부르주아지에게 훌륭히 봉사한다.[3] 그것도 정확히 노동자들 **속에서** 부르주아지에게 봉사하며, **정확히** 프롤레타리아트에게 부르주아지의 영향력을 관철시킨다. 그곳은 부르주아지가 영향력 관철을 가장 필요로 하지만 대중을 도덕적으로 복속시키는 게 가장 힘들다고 느끼는 곳이다.

그런데 로이드 조지와 샤이데만, 레기엔, 헨더슨, 하인드먼, 플레하노프, 르노델 일당 사이에 그렇게 큰 차이가 존재하는가? 후자 가운데 몇 사람들은 마르크스의 혁명적 사회주의로 되돌아올 것이라고 반박할지도 모른다. 이런 일은 가능하다. 하지만 문제를 그것의 정치적 측면, 즉 대중적 측면에서 주목해 보면, 이것은 무의미한 정도의 차이에 불과하다. 현재의 사회국수주의 지도자들 가운데 어떤 자들은 프롤레타리아트에게 되돌아올지도 모른다. 그러나 사회국수주의적, 혹은 (동일한 존재인) 기회주의적 **경향**은 결코 사라질 수도, 혁명적 프롤레타리아트에게 "되돌아올" 수도 없다. 마르크스주의가 노동자들 사이에서 인기 있는 곳이면 어디든 이 정치적 경향, 이 "부르주아적 노동자당"은 마르크스의 이름을 걸고 맹세를 할 것이다. 어떤 회사가 어떤 특정 상표나 간판, 광고를 사용하는 것을 막을 수 없듯이, 그런 짓을 하는

3 나는 최근 로이드 조지의 정치적 반대자인 한 보수당원이 영국 잡지에 쓴 「보수당원 입장에서 본 로이드 조지」라는 제목의 기사를 읽었다. 전쟁을 통해서 이 반대자는 눈을 떴고, 로이드 조지가 얼마나 뛰어난 부르주아지의 봉사자인지 깨달을 수 있었다! 보수당은 그와 화해했다!

것을 막을 수는 없다. 역사에서는 피억압계급 사이에서 존경받던 혁명적 지도자들이 사망한 후, 그들의 적이 피억압계급을 기만하기 위해서 그들의 이름을 이용하려고 시도했던 사례가 언제나 존재해 왔다.

진실은 이렇다. 즉 하나의 정치적 현상으로서 "부르주아적 노동자당"이 이미 **모든** 선진 자본주의국가에서 형성됐다고, 이러한 정당—혹은 집단이나 경향 등등, 뭐라고 불러도 똑같다—에 맞서 결연하고 부단한 투쟁이 도처에서 벌어지지 않는다면, 제국주의에 맞선 투쟁, 혹은 마르크스주의, 혹은 사회주의 노동운동은 존재할 수 없다. 러시아에서 치헤이제 분파, 『우리의 대의』와 『노동의 소리』 조직위원회의 해외 지지.자들은 **그러한** 정당의 변종들에 불과하다. 이러한 정당들이 사회혁명 **이전**에 사라질 것이라고 생각할 근거는 전혀 없다. 오히려 그 반대로 혁명이 가까이 다가올수록, 혁명의 불길이 더욱 거세어질수록, 혁명이 진전하는 와중에 이행과 비약이 더욱 급격하고 격렬해질수록, 노동운동 내에서 기회주의적 소부르주아 흐름에 맞선 혁명적 대중 투쟁의 흐름이 담당할 역할도 더욱 커질 것이다. 카우츠키주의는 전혀 독립적 경향이 아니다. 왜냐하면 그것은 대중 속에서나, 혹은 부르주아지에게 넘어가 버린 특권층 속에서나, 그 어디에도 기반이 없기 때문이다. 그러나 카우츠키주의의 위험성은, 그것이 과거의 이데올로기를 이용하여 프롤레타리아트와 "부르주아적 노동자당"을 화해시키고, 프롤레타리아트와 이런 당의 통일을 유지시키며, 이를 통해 후자의 위신을 높이고자 노력한다는 사실에 있다. 대중은 더 이상 공공연한 사회국수주의자를 따르지 않는다. 로이드 조지는 영국의 여러 노동자 회합에서 야유를 받았고, 하인드먼은 탈당했으며, 르노델과

샤이데만, 포트레소프와 그보즈데프 일당은 경찰의 보호를 받고 있다. 사회국수주의자들에 대한 카우츠키주의자들의 은폐된 옹호가 훨씬 더 위험한 것이다.

카우츠키주의의 가장 일반적인 궤변 중 하나가 "대중"에 대한 언급이다. 그들은 말한다. 우리는 대중과 대중 조직으로부터 떨어지기를 바라지 않는다! 하지만 엥겔스가 어떻게 이 문제를 제기했는지 생각해 보라. 19세기 영국 노동조합의 "대중 조직들"은 부르주아적 노동자당의 편이었다. 마르크스와 엥겔스는 이러한 이유에서 그들과 자신을 화해시키지 않았고, 되레 그것을 폭로했다. 마르크스와 엥겔스는 첫째로, 노동조합 조직이 직접적으로는 **프롤레타리아트 가운데 소수**만을 포괄하고 있다는 사실을 잊지 않았다. 당시 영국에서는 오늘날의 독일과 마찬가지로, 단지 프롤레타리아트의 5분의 1만이 조직되어 있었다. 자본주의하에서 프롤레타리아트 다수를 조직하는 것이 가능하리라고는 누구도 진지하게 생각하지 않는다. 둘째로—이것이 요점이다—문제는 조직의 규모라기보다 오히려 조직의 정책이 갖는 현실적, 객관적 의의이다. 그 정책이 대중을 대변하며 대중에 봉사하는가, 다시 말해 자본주의로부터 대중이 해방되는 것을 목표로 하는가, 아니면 그것이 소수의 이해를, 자본주의와 소수의 화해를 대변하는가? 19세기의 영국은 후자의 경우였고, 현재 독일 등지에서도 마찬가지이다.

엥겔스는 **낡은** 노동조합의 "부르주아적 노동자당"—특권적 소수—과 진정한 다수인 "**최하층** 대중" 사이의 구분을 끌어내고, "부르주아적 체면치레"에 감염되지 **않은** 후자에게 호소한다. 바로 이것이 마르크스주의적 전술의 본질이다!

우리 또는 다른 어느 누구도, 프롤레타리아트의 어떤 부분이 사회국수주의자들과 기회주의자들을 추종하고 있으며 추종할 것인가를 정확하게 계산할 수는 없다. 이것은 오로지 투쟁에 의해서만 드러날 것이며 사회주의혁명에 의해서만 명확하게 결정될 것이다. 하지만 우리는 제국주의 전쟁에서 "조국방위론자"가 단지 소수만을 **대표한다는** 사실을 분명히 알고 있다. 따라서 우리가 여전히 사회주의자이기를 바란다면, **한층 더 낮게**, **한층 더 깊게** 진짜 대중 속으로 들어가는 것이 우리의 임무이다. 이것만이 기회주의에 맞선 투쟁의 모든 의미이며 모든 목적이다. 기회주의자들과 사회국수주의자들이 실제로는 대중의 이해를 배신하고 팔아먹는다는 사실, 그들이 노동자 가운데 소수만의 일시적 특권을 옹호한다는 사실, 그들이 부르주아적 사상과 영향력의 전달자라는 사실, 그들이 실제로는 부르주아지의 동맹자이며 대행자라는 사실을 폭로함으로써, 우리는 대중들로 하여금 자신의 진정한 정치적 이해를 깨닫고, 제국주의적 전쟁과 제국주의적 휴전의 길고도 고통에 찬 흥망성쇠를 헤치고 나가 사회주의와 혁명을 위해 투쟁하도록 가르친다.

세계 노동운동에서 유일한 마르크스주의 노선은 기회주의와의 단절이 불가피하고 필연적임을 대중들에게 설명하는 것, 혁명을 위해 기회주의에 맞선 가차 없는 투쟁을 행함으로써 그들을 교육하는 것, 민족적·자유주의적 노동 정치의 진정한 비열함을 은폐하는 것이 아니라 폭로하기 위해 전쟁의 경험을 이용하는 것이다.

다음 논문에서, 우리는 카우츠키주의와 구분되는 이러한 노선의 주요 특징을 요약하고자 한다.

바젤 국제사회주의 대회 선언***

슈투트가르트 대회와 코펜하겐 대회에서 인터내셔널은 모든 나라의 프롤레타리아트에게 반전 투쟁을 위한 다음의 지도 원칙들을 공식화했다.

> 전쟁 발발이 임박했을 때, 국제사회주의 사무국의 조정 활동에 의해 지원받는 관련 국가의 노동자계급과 의회 대표자들의 의무는 **그들이 가장 효과적이라고 간주하는 수단으로 전쟁 발발을 막기 위해 전력을 다하는 것**이다. 가장 효과적인 수단은 물론 계급투쟁의 첨예화와 전반적인 정치 상황의 첨예화에 따라 달라진다.
>
> 만일 전쟁이 발발할 경우 그들의 의무는 **신속한 종전을 위해 개입하는 것**이며, **인민들을 분기시키고 그럼으로써 자본가계급 지배의 전복을 촉진하기 위해** 온 힘을 다해 **전쟁이 낳는 경제적·정치적 위기**를 이용하는 것이다.

*** 출처: https://www.marxists.org/history/international/social-democracy/1912/basel-manifesto.htm

그 어느 때 보다도, 최근의 사태는 프롤레타리아트에게 계획된 공동 행동에 최대한의 힘과 에너지를 쏟을 의무를 부과했다. 한편에서는, 군사력에 대한 세계적 열광이 높은 생활비 부담을 더욱 악화시켰으며, 그 결과로 계급 대립을 격화시켰고, 노동자계급 내에서 확고한 반역의 정신을 만들었다. 노동자들은 이러한 공포와 낭비의 체제에 종지부를 찍고자 한다. 다른 한편에서는, 끊임없이 되풀이되는 전쟁의 위협이 점점 더 도발적인 영향을 일으키고 있다. 그 시도들이 인류에 반하는 행위이며 인민의 이익이라는 일말의 구실로도 정당화될 수 없음에도 불구하고, 위대한 유럽의 인민들은 서로 충돌하게 될 지경에 처해 있다.

이미 끔찍한 재앙을 야기한 발칸의 위기가 더욱 확산된다면, 이는 문명과 프롤레타리아트에 대한 가장 무서운 위협이 될 것이다. 동시에 막대한 파국과 관련된 이해의 하찮음 사이의 심각한 불일치 때문에 이는 모든 역사를 통틀어 가장 거대한 잔학 행위가 될 것이다.

대회에서 전쟁에 반대하는 전쟁에 대해 모든 국가의 사회주의 정당과 노동조합 들이 완전히 만장일치했음을 기록한 것은 환영할 만한 일이다.

모든 국가의 프롤레타리아트는 일제히 제국주의에 반대하는 투쟁을 일으켜 왔다. 즉 인터내셔널의 각 지부는 자국 정부에 대해 프롤레타리아트의 저항으로 맞섰고, 모든 호전적 욕망을 반대하는 공공의 여론을 동원했다. 이리하여 모든 국가의 노동자들이 이뤄 낸 장엄한 협력이 만들어졌고, 이것은 위협받는 세계평화를 구하는 데 이미 큰 공헌을 했다. 세계대전의 결과로 프롤레타리아혁명이 발생할지 모른다는 지배계급의 두려움은 평화를 위한 불가결한 보증이라는 것이 증명되었다.

그러므로 대회는 사회민주당들에게 자신에게 적합하다고 여기는 모든 수단을 동원해 행동을 지속해 나갈 것을 호소한다. 이러한 공동 행동 속에서 대회는 각 사회민주당에게 개별 과업을 할당한다.

발칸반도의 사회민주당은 어려운 과업을 맡고 있다. 유럽 열강들은 모든 개혁을 고의로 좌절시킴으로써 터키의 경제적·민족적·정치적 조건들을 더 이상 견디기 힘든 지경으로까지 만들었다. 터키는 필연적으로 반란과 전쟁으로 갔어야 했다. 왕조와 부르주아 계급의 이익을 위한 착취에 반대하여, 발칸의 사회민주당들은 영웅적인 용기로 민주적 연방 요구를 제기해 왔다. 대회는 그들에게 그들 자신의 존경할 만한 태도를 꾸준히 유지해 달라고 호소한다. 우리는 전쟁이 끝난 이후 발칸의 사회민주주의가 너무나도 혹독한 희생의 대가를 치르고 획득한 발칸 전쟁의 결과를 팽창욕에 가득 찬 발칸 국가들의 부르주아지, 군국주의, 왕조들만의 목적을 위해 오용되지 않도록 막기 위해 모든 일을 수행할 것이라 기대한다. 그러나 대회는 발칸의 사회주의자들에게 세르비아인, 불가리아인, 루마니아인, 그리스인 사이에서 오랫동안 지속되어 온 불화가 재발하는 것뿐만 아니라, 터키인과 알바니아인과 같이 지금은 반대 진영에 있는 발칸 인민들에 대한 모든 폭력에도 저항할 것을 호소한다. 발칸의 사회주의자들이 해야 할 의무는 그러므로 이 인민들에 대한 모든 권리 침해에 반대하여 싸우는 것이며, 고삐 풀린 민족적 국수주의에 반대하여 알바니아인, 터키인, 루마니아인을 포함하는 모든 발칸 인민들이 형제라는 것을 공공연히 선포하는 것이다.

오스트리아, 헝가리, 크로아티아, 슬라보니아, 보스니아와 헤르체코비나 사회민주당의 의무는 도나우 왕정의 세르비아 공격에 반대하여 전력을 다해 효과적인 행동을 지속하는 것이다. 각 사회민주당의 과업은 군대를 통해 세르비아로부터 전쟁의 결과물을 빼앗고, 세르비아를 오스트리아의 식민지로 변형시키고, 왕조의 이익을 위해 진정한 오스트리아-헝가리 인민들 및 그들과 더불어 유럽의 모든 민족들을 가장 커다란 위험에 빠지게 만드는 계획을 종전과 같이 계속 반대하는 것이다. 장차 오스트리아-헝가리의 사회민주당들은 합스부르크 왕가의 지배를 받는 남부 슬라브 지역 인민들이 오스트리아-헝가리 왕조의 본토 경계 내에서 민주적 자치권을 획득할 수 있도록 질서 정연히 투쟁해야 할 것이다.

이탈리아의 사회주의자들뿐만 아니라 오스트리아-헝가리의 사회민주당들은 알바니아 문제에 대해 반드시 특별한 주의를 기울여야 한다. 대회는 알바니아 인민들의 자치권을 인정하지만, 알바니아가 자치라는 구실 아래 오스트리아-헝가리와 이탈리아의 지배 야욕을 위한 희생양이 되는 것을 거부한다. 대회는 여기서 알바니아가 처한 위험뿐만 아니라, 머지않아 오스트리아-헝가리와 이탈리아 사이의 평화가 위협받는 일도 발견한다. 알바니아는 민주적 발칸 연방의 자치권을 가진 구성원으로서만 오직 진정으로 독립적인 삶을 살아갈 수 있다. 그러므로 대회는 오스트리아-헝가리 및 이탈리아의 사회민주주의자들에게 그들 정부가 알바니아를 그들의 영향권하에 두려는 모든 시도와 싸워 갈 것을, 그리고 오스트리아-헝가리와 이탈리아 사이의 평화 관계를 강화해 나가기 위해 지속적으로 노력해 나갈 것을 호소한다.

대회가 러시아 노동자들의 항의 파업을 환영할 수 있는 것은 크나큰 기쁨이다. 이는 러시아 및 폴란드 프롤레타리아트가 차르의 반혁명이 가한 강력한 일격으로부터 회복하기 시작했다는 신호이다. 대회는 여기서 차르의 범죄적 음모에 반대하는 가장 강력한 보증을 발견한다. 차르는 자국 인민들을 핏속에서 익사하게 만들었으며, 발칸의 인민들을 수없이 배신했고, 그들을 그들의 적에게 넘겨 버린 다음, 이제는 전쟁이 낳을 결말에 대한 두려움과 스스로가 만들어 낸 민족주의 운동의 압력이라는 두려움 사이에서 동요하고 있다. 그러나 현재 차르 제정이 발칸 국가들의 해방자처럼 보이고자 애쓰려 한다면, 이는 단지 그 위선적인 구실 아래 피의 전쟁을 통해 발칸에서 차르 제정의 패권을 다시 빼앗아 오기 위한 것이다. 대회는 강력하게 성장하고 있는 러시아, 핀란드, 폴란드의 도시 및 농촌 프롤레타리아트가 이 거짓말로 가득한 덫을 파괴할 것을, 차르 제정의 모든 호전적 모험에 반대할 것을, 아르메니아에서든 콘스탄티노플에서든 차르 제정의 모든 계획과 싸울 것을, 차르 제정으로부터의 해방을 위한 혁명적인 투쟁을 부활시키는 데 전력을 다할 것을 기대한다. 차르 제정은 유럽에 존재하는 모든 반동 세력들의 희망이자 그것에 의해 지배받는 인민들에게는 민주주의의 가장 끔찍한 적이기 때문이다. 그것의 파괴를 달성하는 것은 인터내셔널 전체의 가장 중요한 과업 중 하나로 여겨져야 한다.

그러나 인터내셔널 활동에서 가장 중요한 과업은 독일, 프랑스, 영국의 노동자계급에게 부여된다. 현 시기 이 국가들의 노동자들의 과업은 오스트리아-헝가리나 러시아에 대한 어떠한 지지도 거부하고, 발칸 문제에 대한 어떠한 개입도 삼가며 절대적인 중립을 지킬 것을 자국 정부에 요구하는 것이다. 항구 하나를 둘러싸고 벌어진 세르비아와 오스트리아의 분쟁으로 말미암아 세 곳의 거대한 주요 문명국 인민들 사이에 전쟁이 일어나는 것은 범죄적인 광기가 되고 말 것이다. 독일과 프랑스의 노동자들은 비밀 조약 때문에 발칸 분쟁에 어찌되었든 개입해야

할 의무가 있다는 점을 용인할 수 없다.

그러나 상황이 더 전개되어 터키의 군사적 붕괴가 소아시아에서 오스만 제국의 지배가 몰락하는 결과를 야기한다면, 전력을 다해 소아시아 정복 정책에 저항하는 것이 영국, 프랑스, 독일 사회주의자들의 과업이 될 것이다. 이 정책은 필연적으로 곧장 전쟁을 야기할 것이다. 대회는 대영제국과 독일제국 사이에 인위적으로 조장된 적대를 유럽 평화의 가장 큰 위험으로 간주한다. 대회는 그러므로 그러한 두 국가의 적대를 중재하기 위한 양국 노동자계급의 노력을 환영한다. 대회는 해군 군비를 제한하고 해군의 노획 권리를 철폐하는 것에 관한 독일과 영국 사이의 협정을 마무리하는 것을 그러한 목적을 위한 최선의 수단으로 간주한다. 대회는 영국과 독일의 사회주의자들에게 그러한 협정을 위한 선동을 지속할 것을 호소한다.

한편으로는 독일, 다른 한편으로는 영국과 프랑스 사이의 적대를 극복하는 것은 세계 평화를 위해 가장 큰 위험을 제거하는 것이며, 이 적대를 이용하고 있는 차르 제정의 권력을 뒤흔드는 것이고, 오스트리아-헝가리의 세르비아 침략을 불가능하게 만드는 것이며, 세계 평화를 굳게 지키는 것이다. 그러므로 인터내셔널의 모든 노력은 이 목표를 향해야 할 것이다.

대회는 사회주의 인터내셔널 전체가 이 외교 정책의 원칙을 만장일치로 승인한다는 것을 기록한다. 대회는 모든 국가의 노동자계급에게 프롤레타리아트의 국제 연대의 힘으로 자본주의적 제국주의에 대항할 것을 호소한다. 대회는 호전적인 행위로 자본주의적 생산방식이 가져온 대중의 비참함을 증대시키지 말 것을 모든 국가의 지배계급에게 경고한다. 대회는 평화를 단호히 요구한다. 정부들로 하여금 유럽의 현재 조건과 노동자계급의 분위기를 볼 때 그들이 자기 스스로를 위험에 빠뜨리지 않으면서 전쟁을 폭발시킬 수는 없다는 것을 기억하게 만들자. 그들로 하여금 프랑스-독일 전쟁 이후 코뮌의 혁명적 발생이 뒤따랐다는 것을, 러일전쟁이 러시아 제국 인민의 혁명적 에너지를 움직이게 만들었다는 것을, 육군 및 해군의 군비 경쟁이 영국과 대륙에서의 계급 갈등을 전례 없이 첨예하게 만들었고 거대한 파업 물결을 폭발시켰다는 것을 기억하게 만들자. 세계대전의 극악함이라는 생각 자체가 필연적으로 노동자계급의 분노와 반란을 불러일으킬 것임을 정부들이 깨닫지 못한다면, 그것은 미친 짓일 것이다. 프롤레타리아는 자본가의 이윤과 왕조의 야망이나 비밀 외교 조약의 더 큰 영광을 위해 서로에게 총을 쏘는 행위를 범죄라고 간주한다.

만약 정부가 정상적 진보를 위한 모든 가능성을 차단하고, 그럼으로써 프롤레타리아트가 필사적인 조치를 취하게끔 내몬다면, 그들 스스로가 그들이 야기한 위기의 결과들에 대해 전적으로 책임져야 할 것이다.

인터내셔널은 이 위기를 막기 위해 노력을 배가할 것이다. 인터내셔널은 점점 더 강력하게 항의를 일으킬 것이며, 점점 더 강력하고 철저한 선전 활동을 수행할 것이다. 대회는 그러므로 훨씬 더 큰 주의를 기울여 사태를 추적해 갈 것을, 어떤 일이 벌어지든지 프롤레타리아 당들을 단결시켜 주는 유대를 유지 및 강화할 것을 국제사회주의 사무국에게 위임한다.

프롤레타리아트는 지금 이 순간 인류의 모든 미래를 담지하고 있는 세력임을 자각하고 있다. 프롤레타리아트는 대량 살상·기아·역병의 모든 공포로부터 위협을 받고 있는 모든 인민의 번영이 절멸되는 것을 막기 위해 전력을 기울일 것이다.

그러므로 대회는 여러분, 모든 국가의 프롤레타리아와 사회주의자들에게 이 결정적인 순간에 여러분의 목소리를 내 주기를 호소한다! 모든 형식으로 모든 곳에서 여러분의 의지를 천명하라. 여러분의 모든 힘을 기울여 의회에서 항의를 제기하라. 대규모 대중 시위에서 단결하라. 프롤레타리아트의 조직과 역량이 여러분의 처분에 맡긴 모든 수단을 활용하라! 정부가 프롤레타리아트의 평화를 향한 열렬한 의지와 경계를 끊임없이 의식하도록 하라! 이러한 방식으로 착취와 대량 살상의 자본주의 세계에 대해 평화와 인민 우애의 프롤레타리아 세계로 맞서라!

베른 특별 국제사회주의 대회

1912년 11월 24일, 25일.

전진 출판사, 베를린, 1912년, 23~27쪽.

옮긴이 후기

1.

이 책은 레닌의 주요 저작 중 하나인 『제국주의, 자본주의의 최고 단계 대중적 개설』(이하 『제국주의』)을 번역한 것이다. 레닌은 올해로 100주년을 맞이한 러시아 사회주의혁명을 승리로 이끈 볼셰비키의 지도자였다. 그는 제1차 세계대전이 한창 벌어지고 있던 1916년 1월부터 6월 사이에 이 책을 저술했다. 그러나 책은 곧장 출판되지 못했고, 러시아혁명이 한창 진행 중이던 1917년 중반 "삶과 지식"이라는 이름의 출판사를 통해 최초로 출판되었다. 100주년을 맞이한 러시아혁명처럼 이 책 역시 발간 100주년을 맞이한 것이다.

『제국주의』는 출간된 이후 가장 널리 읽힌 레닌의 저술 중 하나가 됐다. 자본주의 발전이 가져온 제국주의 국제 질서에 대한 비판 및 저항 의식이 전 세계 노동자와 피억압 민족들 사이에서 성장했고, 제국주의를 과학적으로 규명하여 어떻게 제국주의에 저항할 것인지 실천적 방침을 제시하는 데 『제국주의』가 큰 도움을 주었기 때문이다. 『제국주의』는 여러 다양한 주제를 다루고 있지만, 무엇보다 당시 세계대전의 발발을 낳은 경제적 원인인 제국주의를 분석하고, 전쟁이 일어나자 사회주의를 저버리고 자국 정부와 지배계급을 지지한 사회주의 운동 내부의 기회주의 세력이 어떻게 등장하게 되었는지 설명하는 내용을 주로 담고 있다.

2.

『제국주의』는 제목에서 이미 알 수 있듯이, 19세기 말 20세기 초 분명하게 드러난 "제국주의"라는 사회현상을 다루고 있다. 레닌의 이 책이 유명해지고 마르크스주의자들이 "제국주의"라는 말을 특히 많이 사용하다 보니 "제국주의"가 마르크스주의 용어로 비춰지는 경우가 있는데, 이는 사실이 아니다. "제국주의"는 1890년대부터 다양한 주류 매체에서 빈번히 사용되던 용어다.

1890년 무렵부터 자본주의가 이전과는 다른 새로운 모습으로 바뀌고 있다는 인식이 늘어났고, 특히 대외 정책에서 이런 변화는 두드러지게 나타났다. 이런 변화를 설명하기 위해 사회주의자뿐 아니라 자본가와 주류 언론, 자본주의를 옹호 혹은 비판하는 학자들이 "제국주의"라는 용어를 사용하기 시작했다. 실제로 레닌이 『제국주의』에서 자주 인용한 존 애킨스 홉슨의 『제국주의: 연구』는 1902년 출간됐다. 레닌은 1890년대부터 일어난 "제국주의"라는 이름의 새로운 사회 경제적 변화를 자본주의 발전과 연결시켜 마르크스주의 입장에서 체계적으로 설명한 것이다.

1890년대 등장한 제국주의는 단순히 새로운 자본주의 발전이나, 유럽 열강의 새로운 대외 정책에 머문 것이 아니라, 열강들 사이의 경쟁과 충돌을 격화시키더니 결국 1914년 수백만 인명을 죽음으로 내몬 세계대전을 낳았다. 『제국주의』의 주목적은 바로 이 제국주의 세계대전이

왜 발발할 수밖에 없었는지를 설명하는 것이다.

『제국주의』에서 레닌은 제국주의를 “자본주의의 최근 단계” 혹은 “최고 단계”, “자본주의의 독점 단계”라고 정의한다. 자유경쟁에 기반을 둔 자본주의는 생산의 집적 결과 그 자체의 필연적 발전으로 더 높은 단계인 독점 단계에 이르렀고, 제국주의는 바로 독점자본주의를 경제적 내용으로 한다는 것이다. 레닌은 제국주의의 기본 특징을 다음과 같이 정의한다.

> “(1) 생산과 자본의 집적이 매우 높은 단계로 발전하여 경제생활에서 결정적 역할을 하는 독점체가 창출된다. (2) 은행자본과 산업자본이 융합하고 이 “금융자본”을 토대로 금융과두제가 형성된다. (3) 상품 수출과는 구분되는 자본수출이 이례적인 중요성을 획득한다. (4) 국제적 독점자본가 연합체가 형성되어 자기들끼리 세계를 나누어 갖는다. (5) 거대 자본주의 열강 사이에서 전 세계 영토 분할이 완료된다. 제국주의는 독점체와 금융자본의 지배가 확립될 정도의 발전 단계에 이른 자본주의이다. 이 단계에서 자본수출은 현저한 중요성을 획득한다. 이 단계에서 국제 트러스트들 사이의 세계 분할이 시작되며 지구상 모든 영토가 거대 자본주의 열강들 사이에 완전히 분할된다.”

여기서 레닌이 강조하는 점은 자본주의 열강 사이의 영토 분할이 완료되어, 새로운 영토 분할은 결국 열강들 사이의 힘에 의거해 이루어지는 재분할밖에 없다는 사실이다. 따라서 자신의 경제적 힘에 비해 식민지, 영향권을 턱없이 작게 가지고 있는 열강은 이러한 불균형을 자신에게 유리하게 바꾸기 위해 전쟁에 나설 수밖에 없다는 것이다. 이것이 제1차 세계대전의 발발 원인이었다.

마지막으로 언급할 점은 제국주의와 관련된 레닌의 시대 인식이다. 레닌은 제국주의를 "사멸하는 자본주의", 더 높은 사회경제 체제로 이행 중인 자본주의로 보았다. 마르크스주의는 한 사회의 진보성과 반동성을 절대적 기준이 아닌 그 사회의 구체적 역사적 조건 속에서 규정해 왔다. 자본주의의 경우, 그것은 노동자와 자본가 사이의 적대에 기반을 둔 계급사회이지만, 시종일관 반동적인 사회경제 체제였던 것은 아니다. 자본주의는 봉건제와의 투쟁 속에서 등장했고, 이러한 조건 속에서 진보적인 역할을 수행했다. 자본가계급은 자신들을 위한 경제 관계를 수립하기 위한 목적에서 그런 것이었지만 봉건제의 인신 구속, 신분적 예속에 맞서 투쟁하고 만인의 자유와 평등, 권리를 요구했다. 또한 자본주의는 생산력을 급속하게 발전시켜 사회 구성원 전체의 해방을 위한 물질적 조건을 형성했다. 이러한 측면에서 자본주의는 진보적 체제로서 역할을 했다.

그러나 레닌의 설명에 따르면, 자본주의는 독점자본주의로 발전하면서 진보적 성격을 상실했고, 새로운 사회경제 체제에 그 자리를 내어줘야 하는 반동적 체제로 바뀌게 되었다. 따라서 레닌은 제국주의가 "완전한 자유경쟁에서 완전한 사회화로 가는 과도기에 놓인 일종의 새로운 사회질서"이자, "자본주의에서 더 높은 사회경제 체제로 이행하는 시대"라고 보았다. 이렇게 본다면, 제국주의의 등장은 자본주의로부터 사회주의로의 역사적 이행 시기가 시작되었음을 의미한다. 레닌이 주도적 역할을 한 1917년 러시아 10월 혁명은 바로 이러한 역사적 시기의 개막을 알리는 사건이었다. 비록 10월 혁명으로 수립된 소련과 '현실 사회주의' 국가들이 1990년대 초 대거 몰락했지만, 이러한 이행의 시대라는 시대 규정이 오늘날에 와서 퇴색된 것은 아니다. 2008년 세계 대공황 이후 자본주의가 속수무책의 위기에 빠져 있고 세계 곳곳에서 사회주의 운동이 새롭게 고양되고 있는 오늘날, 지금이 사회주의라는 더 높은 체제로 이행하는 시대라는 규정은 다시 설득력 있게 다가오고 있다.

3.

다른 한편 『제국주의』는 사회주의 운동 내부의 기회주의 세력이 발생한 원인에 대해서도 의미 있게 다룬다.

마르크스주의, 다시 말해 '과학적 사회주의'는 노동자계급의 자기 해방을 과학적으로 규명한 이론 체계로, 19세기 중반 출현했다. 마르크스주의가 노동운동의 지도 이념으로 공식화된 것이 바로 제2인터내셔널이 건립될 무렵이었다. 제2인터내셔널은 사회주의를 이념으로 내건 각국의 사회주의 정당이 중심이 되어 건설한 노동자 국제 조직이었다. 그러나 점차 마르크스주의 내부에서 과학적 사회주의를 부정하고 노동자계급을 체제 내부로 안주시키려는 이른바 '기회주의' 흐름이 강력하게 등장했다. 에두아르트 베른슈타인의 수정주의가 그 대표적 사례였다.

베른슈타인의 수정주의는 사회주의 운동 내부에서 격렬한 비판을 받았고, 심지어 1899년 하노버 대회, 1903년 드레스덴 대회 등 제2인터내셔널의 주요 국제 대회에서 부정당했다. 그러나 이것은 겉보기에만 그럴 뿐이었다. 사실상 기회주의 세력은 제2인터내셔널

내에 널리 확산됐다. 이들 중에는 특히 노동조합과 당의 주요 직책을 장악한 관료들이 많았기 때문에, 이론 투쟁에서는 패배한 듯했으나 기회주의자들이 실제 조직을 장악한 경우가 많았다.

레닌은 이른 시기부터 사회주의 운동 내의 기회주의에 맞선 투쟁을 치열하게 전개했다. 1890년대 말 러시아에는 '경제주의'라는 운동 흐름이 출현했는데, 레닌은 이것이 국제적 기회주의 경향의 러시아판이라고 보았다. 레닌이 보기에 기회주의적 사회주의 세력에 맞서 투쟁하는 것은 혁명적 사회주의 세력의 핵심 임무였다. 1912년에는 기회주의적 사회주의 세력과는 더 이상 함께 당을 구성할 수 없다고 판단하고, 이들을 당 밖으로 내쫓는 결정을 내렸다. 그러나 이 당시까지만 해도 레닌은 이러한 결정이 러시아만의 예외적 결정이라고 보았다. 즉 국제적인 차원에서는 기회주의 세력이 사회주의로부터 일탈하긴 했으나 아직 함께할 수 없는 세력이라고까지 판단하지는 않았다. 이 판단은 제1차 세계대전의 발발과 함께 완전히 뒤바뀌고 만다.

제1차 세계대전이 일어나자 각국 사회주의 세력들은 이 전쟁을 '조국 방어'라는 입장에서 접근했다. 이를테면 영국, 프랑스의 사회주의자들은 군주제 독일로부터 민주주의 조국을 방어하고, 독일의 사회주의자들은 차르 러시아로부터 조국을 방어해야 한다는 식의 논리였다. 심지어 독일 사민당 우파 이론가 렌쉬 등은 독일 자본주의는 아직 한창 생산력이 발전하고 있는 진보적 자본주의이지만 영국, 프랑스 등은 이미 노쇠해진 자본주의이기 때문에 자국의 전쟁은 정당하다는 논리를 내놓았다.

이런 주장은 모두 궤변이었다. 그 이유는 이 전쟁이 제국주의 열강들이 서로 약탈품을 다투는 전쟁이라는 게 명백했기 때문이다. 게다가 이 주장은 레닌과 혁명적 사회주의 세력이 내놓은 일방적인 주장이 아니었다. 제2인터내셔널은 오래전부터 유럽에서 제국주의 전쟁이 발발할 가능성을 내다보고 이와 관련된 행동 지침을 결정해 놓았던 것이다. 그 대표적 사례가 1907년 슈투트가르트 대회 선언과 1912년 바젤 대회 선언이었다. 예컨대 슈투트가르트 대회에서 결정되고 바젤 대회에서 재확인된 방침은 다음과 같다.

> "전쟁 발발이 임박한다면, 국제사회주의 사무국의 조정 활동에 의해 지원받는 관련 국가의 노동자계급과 의회 대표자들의 의무는 **그들이 가장 효과적이라고 간주하는 수단으로 전쟁 발발을 막기 위해 전력을 다하는 것**이다. 가장 효과적인 수단은 물론 계급투쟁의 첨예화와 전반적인 정치 상황의 첨예화에 따라 달라진다.
> 만일 전쟁이 발발할 경우 그들의 의무는 **신속한 종전을 위해 개입하는 것**이며, **인민들을 분기시키고 그럼으로써 자본가계급 지배의 전복을 촉진하기 위해** 온 힘을 다해 **전쟁이 낳는 경제적·정치적 위기**를 이용하는 것이다."

하지만 전쟁이 실제로 일어나자 제2인터내셔널의 주요 정당들은 이런 제2인터내셔널의 올바른 결정을 종이 쪼가리로 여기고 자국 정부와 지배계급을 지지하는 입장으로 대거 선회했다. '말로는 마르크스주의, 행동은 기회주의'라는 태도를 보인 이 기회주의 지지자들은 이제 이런 위선적 가면조차 버리고 노골적인 "사회국수주의"로 전환했다. 그렇기 때문에 레닌은 사회국수주의를 "절정에 이른 기회주의"라고 보고,

이들과 철저히 조직적 결별을 해야만 노동자들을 혁명적 사회주의의 편으로 조직할 수 있다고 보았다.

4.

『제국주의』는 이러한 사회주의 운동 내 기회주의 세력이 어떻게 등장하게 되었는지를 제국주의의 등장과 연결하여 설명한다. 이것이 바로 레닌의 유명한 '노동귀족' 이론이다. 레닌은 제국주의 국가의 자본가들이 자본수출을 통해 막대한 양의 초과이윤을 획득하는 게 가능해졌고, "이러한 거대한 초과이윤을 가지고 노동운동 지도자들과 노동귀족 상층을 매수하는 것이 가능하다."고 말한다. 그 결과 "자본가들은 특정 노동자층을, 그리고 잠시나마 노동자들 중 그 수가 꽤 적지 않은 소수를 매수하고, 이들을 다른 모든 사람들과 대립하여 특정 산업이나 특정 민족의 부르주아지 편으로 넘어가게 한다."고 분석했다. 마지막으로 이렇게 형성된 소수의 노동자층이 바로 '노동귀족'이고, 이 노동귀족이 기회주의 세력의 지지 기반이 됐다는 것이다.

레닌은 과거 19세기 중반 세계경제를 지배하고 대규모 식민지를 확보한 영국이 이미 이러한 일을 겪었음을 마르크스와 엥겔스의 여러 편지와 글을 통해 입증해 보이고, 이런 일이 다른 제국주의 국가에서도 영국보다는 작은 규모로, 그리고 일시적으로 일어나고 있다고 주장했다. 레닌의 '노동귀족' 이론에 대해서는 여러 견해들이 분분하지만, 레닌이 어떤 맥락에서 이런 주장을 개진하고 있는지 지금의 한국 노동운동 상황과 견주어 꼭 경청할 필요가 있다.

5.

마지막으로 레닌은 제국주의에 맞선 투쟁, 사회국수주의와의 투쟁을 애매하게 만드는 역할을 하고 있는 카우츠키에 대해 신랄한 비판을 가한다. 카우츠키는 제2인터내셔널의 주요 이론가로 한때는 "마르크스주의의 교황"이라고 불렸다. 그러나 그는 점차 기회주의에 대해 철저하지 못한 태도를 갖기 시작했고, 제1차 세계대전에 이르러 사회국수주의와 혁명적 사회주의 사이에서 둘 사이의 경계를 불분명하게 만드는 역할을 했다. 카우츠키의 이러한 입장을 "중앙주의"라고 일컫는다. 그는 사회주의 운동의 분열을 두려워하며 기회주의와의 단결에 목을 매고, 제국주의가 자본주의의 필연적 결과물이 아닌 하나의 선택 가능한 정책이며 모든 국제 자본가들이 평화롭게 협치하는 "초제국주의"가 가능하다는 궤변을 펼쳤다. 이런 중앙주의의 해악에 대해 레닌은 다른 글에서 이렇게 말했다.

"'단결'과 '조국 방어'라는 그들의 선전을 통해, 타협을 가져오려는 그들의 노력을 통해 깊게 자리 잡은 차이들을 말뿐인 장막으로 가리려는 그들의 여러 수고에 의해, '중앙주의자들'은 노동운동에 가장 거대한 위해를 야기하고 있다.
왜냐하면 그들은 사회국수주의자들의 도덕적 권위의 최종적 붕괴를 방해하고 있으며, 이러한 방식으로 대중들에 대한 그들의 영향력을 지원하고 있으며, 기회주의적 제2인터내셔널이라는 시체에 생기를 불어넣으려 하고 있기 때문이다." (레닌, 「보리스 수바린에게 보내는 공개 서한」)

레닌이 『제국주의』 후반부에서 카우츠키에 대해 특히 날카로운 비판을 하고 있는 것은 이러한 이유 때문이라 할 수 있다.

6.

이 외에도 『제국주의』의 본론에는 매우 역동적이고 흥미진진한 내용들이 가득 들어 있다. 이 책을 번역한 필자는 오랜 기간에 걸쳐 『제국주의』를 여러 차례 읽었고, 이번에 번역을 하면서 다시 여러 번 꼼꼼히 볼 기회를 갖게 되었는데, 읽을 때마다 신선한 내용을 새로 접할 수 있었다. 『제국주의』를 읽어 보면 레닌이 단호하면서도 동시에 도식적이지 않고, 풍부한 문체로 글을 쓰고, 다양한 주제를 개방적 태도로 검토한다는 사실이 잘 드러난다.

레닌의 『제국주의』에 대해 제기된 여러 반론이나 이견들은 이 책의 이러한 특징을 놓치고 있다고 생각한다. 이를테면 레닌은 다음과 같이 제국주의가 비록 약탈을 위한 목적에서지만 식민지, 종속국의 자본주의적 발전을 촉진한다는 점을 지적한다.

> "자본수출은 자본수입국들의 자본주의 발전에 영향을 미치고, 그 발전을 엄청나게 가속시킨다. 따라서 자본수출은 일정 정도 자본수출국의 발전을 저지하는 경향도 있지만, 그럼으로써 전 세계에 걸쳐 자본주의 발전을 한층 더 확대하고 심화시킨다."

이것은 종속국의 저발전, 정체를 상정하는 종속이론과 큰 대비를 이루는 관찰이라고 할 수 있다.

레닌은 자본수출이 식민지로만 향하는 게 아니라는 점 역시 지적한다. 레닌의 자본수출 분석에 대한 비판 근거로 금융 거래가 선진국에서 후진국으로 향하는 경우보다 선진국끼리 이루어지는 경우가 더 많다는 통계를 제시하는 경우가 있기 때문에 이런 레닌의 언급은 중요하다.

또한 레닌은 식민지가 제국주의의 유일한 국가 종속의 형태는 아니라고 보았다. “식민지 소유 국가와 식민지라는 그 자체 두 가지 주요 국가 집단뿐 아니라 정치적·형식적으로 독립을 유지하고 있지만 사실상 이 시대에 전형적인 금융적·외교적 종속망에 걸려든 다양한 형태의 종속국들이 존재한다”는 것이다. 이것은 대부분의 식민지가 식민 본국으로부터 해방된 오늘날 제국주의에서도 『제국주의』에서 행한 분석이 빛을 잃지 않는다는 점을 의미한다. 게다가 오늘날 자본주의에서 매우 중요한 문제인 제국주의와 노동 이민의 문제 역시 『제국주의』에서 다뤄진다.

마지막으로 자본주의에서 일어나는 독점 현상을 설명한 부분은 지금 읽어도 과거의 일이 아닌 현재진행형이라는 느낌을 받을 정도로 생생하다. 가령 『제국주의』에서 정부 관료와의 연줄, 회전문 인사, 산업과 은행의 인적 유착, 부동산 투기 등 자본주의 독점체가 자신의 힘을 강화하고 이윤을 증대하기 위해 행하는 여러 행동들은 지금도 벌어지고 있는 일이다.

아쉽게도 지면의 제약상 이런 내용을 상세히 설명할 수는 없다. 분명한 것은 『제국주의』가 책의 핵심 주제뿐 아니라 다른 여러 주제들에서도 오늘날 여전히 유효한 풍부한 내용을 담고 있다는 점이다.

7.

이번 번역본에는 『제국주의』와 더불어 부록으로 「사회주의혁명과 민족자결권 테제」, 「제국주의와 사회주의의 분열」이라는 레닌의 글 두 편과 「바젤 국제사회주의 대회 선언」이 실려 있다.

첫 번째 글은 민족문제에 대한 글이다. 이 글은 1916년 4월 러시아 사회민주노동당 중앙 기관지에 실렸고, 민족문제에 대한 당의 입장을 일목요연하게 정리하고 있다. 레닌은 민족문제, 즉 어떤 민족이 다른 지배 민족에 의해 억압받고 종속되는 문제에 대해 적극적으로 대처했다. 로자 룩셈부르크나 일부 사회주의자들이 민족 억압의 해결, 민족자결은 자본주의에서는 실현 불가능하고 사회주의에서는 불필요하다(사회주의에서는 계급이 철폐되고 모든 억압이 사라질 것이기 때문이다.)는 식으로 접근한 데 반해, 레닌은 민족 억압의 해결, 민족자결권을 정치적 민주주의 요구로 접근하고 이것이 자본주의 안에서도 해결 불가능하지 않을 뿐 아니라 사회주의자라면 적극 나서서 요구해야 한다고 주장했다. 더 나아가 이럴 때에만 억압 민족의 노동자와 피억압 민족의 노동자 사이의 단결이 가능하다고 보았다.

이러한 레닌의 입장은 피억압 민족에게는 큰 영감과 힘을 주었다. 코민테른이 건설된 이후에는 코민테른의 입장으로 전 세계로 퍼져 나가 20세기 초중반 민족해방운동이 성장하는 데 큰 기여를 했다. 다른 한편으로 레닌의 민족문제에 대한 입장은 인간에 대한 인간의 모든 착취와 억압을 철폐하는 인간 해방 운동으로서 사회주의 운동의 본질을 가장 잘 구현한 것이라 하겠다. 레닌이 이렇게 민족문제에 대해 명확한 입장을 갖고 적극적으로 대처했음에도 불구하고, 그의 제국주의 이론이 주로 제국주의 열강 사이의 문제를 다뤘을 뿐 억압 민족과 피억압 민족 사이의 문제는 별로 다루지 않았다는 오해가 있다. 이는 『제국주의』에서 민족문제가 충분히 다뤄지지 않아서 생긴 오해라고 할 수 있다. 이런 오해를 불식하고자 첫 번째 글을 부록으로 실었다.

두 번째 글은 『제국주의』에서 이미 다룬 제국주의와 노동귀족, 기회주의 사이의 관련성을 보다 상세하게 설명하고 있어 부록에 싣기로 했다. 이 글은 레닌의 노동귀족론을 이해하는 데 유익하리라 생각한다.

세 번째 글 「바젤 국제사회주의 대회 선언」은 제2인터내셔널이 제1차 세계대전이 일어나기 2년 전인 1912년에 만장일치로 결정한 선언문이다. 레닌은 『제국주의』 프랑스어판·독일어판 서문에서 이 "바젤 선언"을 "제2인터내셔널의 치욕스러운 파산과 그 주역들의 배신을 완전히 폭로하는 기념비"라고 일컬었다. 그리고 이 선언을 『제국주의』의 부록으로 실었다. 이 책에서도 바젤 선언을 부록에 실어 당시 레닌이 빈번하게 언급한 바젤 선언의 실제 내용이 어떠한 것인지 독자들이 직접 접할 수 있도록 했다.

8.

『제국주의』 번역에는 1974년 모스크바에서 출판된 영어판 『레닌 전집』을 사용했다(번역 대본에 대해서는 일러두기를 확인하기 바란다). 전 세계 대부분의 영어판은 이 영어판의 프린트 판이라고 할 수 있다. 그런데 이번에 번역하면서 『제국주의』 영역본의 번역 상태가 그다지 만족스럽지 않다는 점을 확인할 수 있었다. 영역본에 오역이 다수 있음을 발견하기도 했다. 일역본과 번역 원고를 대조하는 작업을 해 주고 오역 사실을 옮긴이에게 알려 준 류승민 박사에게 감사를 드린다.

이 외에도 번역어 선정과 관련해 여러 난관이 있었다. 한 예를 들면, 책 후반부에 자주 나오는 "decaying"이란 단어는 이번 번역에서는 "부패하는"으로 통일하여 번역했다. 사실 이 단어는 "쇠퇴하는"이라는 의미가 있고 레닌은 이 단어를 통해 자본주의의 쇠퇴를 설명하려는 의도를 갖고 있었지만, "부패하는"으로 번역해야 문맥상 더 어울리는 경우가 많아 전체적으로 번역의 일관성을 유지하기 위해 "부패하는"으로 통일했다. 따라서 독자는 이 단어가 나올 때 여기에는 중의적 의미가 있다는 점을 상기해 주었으면 한다.

최선의 노력을 다해 번역 작업을 진행했으나 전체적으로 부족한 점도 적지 않으리라 판단한다. 향후 영어, 독일어, 러시아어 등 여러 언어로 된 판본과 인용 문헌을 충분히 검토한 더 나은 번역본이 나오기를 기대한다. 그때까지 옮긴이가 번역한 『제국주의』가 필요한 이에게 필요한 역할을 할 수 있길 바란다. 이 책에서 번역상의 잘못은 모두 옮긴이의 부족함 때문임을 밝힌다.

현재 전 세계는 미국이 주도하는 제국주의 국제 질서로 인해 여전히 큰 고통을 받고 있다. 한반도 역시 여기서 예외는 아니다. 이 후기를 쓰고 있는 시점에서는 미국 대통령 트럼프와 북한 사이에 과격한 말의 전쟁이 벌어지고 있다. 이런 말의 전쟁이 실제 전쟁으로 이어지지 않을 것이라고 안심할 수는 없는 상황이다. 이런 오랜 제국주의 지배 질서에서 벗어나기 위해서는 제국주의가 무엇인지 그 본질을 명확히 파악해야 한다. 제국주의는 '자본주의의 독점 단계'이다. 따라서 우리는 제국주의에 맞선 투쟁을 자본주의 그 자체를 문제 삼고 뛰어넘으려는 투쟁과 결합시켜야만 한다. 레닌은 제국주의가 사멸하는 자본주의이자, 사회주의로 이행하고 있는 자본주의라고 보았다. 반제국주의 투쟁은 결국 사회주의를 위한 투쟁으로 이어진다는 말일 것이다.

제국주의와 자본주의에 맞서 새로운 사회를 꿈꾸는 이들에게 레닌의 『제국주의』가 적잖은 도움이 되길 기대하며, 짧지 않은 옮긴이의 후기를 마친다.

2017년 9월 28일

찾아보기(인명·사항)

인명

사항